KAMPENWAND
VERLAG

ISBN: 978-3-98660-022-8

Raiffeisenstr. 4 · D-83377 Vachendorf
www.kampenwand-verlag.de

Versand & Vertrieb durch Nova MD GmbH
www.novamd.de · bestellung@novamd.de · +49 (0) 861 166 17 27

Text: Uwe Krauser

Bildnachweise: ©denira/Shutterstock, ©janniwet/Shutterstock, ©Lapina Maria/Shutterstock, ©Alexey Onegin/Shutterstock, ©Elena Veselova/Shutterstock, ©Tatiana Volgutova/Shutterstock, ©Elena Shashkina/Shutterstock, ©Joshua Resnick/Shutterstock, ©Nataliia Sirobaba/Shutterstock, ©Kiian Oksana/Shutterstock, ©Goskova Tatiana/Shutterstock, ©Afanasieva/Shutterstock, ©Viktorl/Shutterstock, ©kuvona/Shutterstock, ©Brent Hofacker/Shutterstock, ©DariaKM/Shutterstock, ©gowithstock/Shutterstock, ©eugena-klykova/Shutterstock, ©Sergio Bertino/Shutterstock, ©SBframes/Shutterstock, ©Ariane Hoehne/Shutterstock, ©A. Zhuravleva/Shutterstock, ©Ramon grosso dolarea/Shutterstock, ©Tatiana Volgutova/Shutterstock, ©Wiktory/Shutterstock, ©Sergii Koval/Shutterstock ©Ostranitsa Stanislav/Shutterstock

Druck: FINIDR, s.r.o. . Lípová 1965 . 737 01 Český Těšín . Česká republika

UWE KRAUSER

TUNTEN TOAST

PIKANTE GESCHICHTEN & REZEPTE

INHALT

Heute bin ich dann mal Koch!

@uwe_krauser_autor

Uwe Krauser – Autor & Hotelchef

UWE KRAUSER ODER: DER AUTOR

Uwe Krauser wurde 1971 in der Nähe von Köln geboren und betreibt mit seinem Mann Oliver seit 16 Jahren ein kleines, mehrfach ausgezeichnetes Hotel in den Untiefen des Bayerischen Waldes: www.montarasuites.de

Der gelernte Erzieher lebte viele Jahre in Spanien, hat seine Heimat jedoch im beschaulichen Ferienort Bodenmais gefunden. Eine Wanderung durch die teilweise unberührten Wälder zieht er jedem Stadtbummel vor.

Er hat mit Phoebe und Layla zwei Straßenhunde aus dem Ausland adoptiert, die ihn zu seiner dreiteiligen „Phoebe"-Romanreihe inspiriert haben. Der zweite Teil „Layla - Heldin auf vier Pfoten" wurde von Lovelybooks bei der Wahl zum Roman des Jahres 2020 mit der Silbermedaille ausgezeichnet und von KindofBook zum Buch des Monats 07/20 gekürt.

Mit „Rosalie, die Feuerwanze" hat er 2021 seinen ersten Kinderroman veröffentlicht.

Der bitterböse Kochroman „Tunten-Toast" ist sein neuester Streich, mit dem er seine LeserInnen für ein paar lustige Stunden aus dem Alltag entführen möchte.

WARNUNG!

**Das Buch, das ihr in Händen haltet,
ist politisch etwas ... sagen wir einfach einmal ...
fragwürdig. Vorurteile werden zur Genüge bedient,
Alkoholgenuss aufs Verantwortungsloseste
verherrlicht und geflucht wird auch noch, bis sich
die Balken biegen. Solltet ihr dieses Machwerk
trotzdem lesen wollen, fragt bitte unbedingt euren
Arzt oder Apotheker nach Risiken und
Nebenwirkungen! Und nicht vergessen: Wenn ich
mich und meine Mitschwestern nicht auf die Schippe
nehmen darf, wer sollte es sonst tun?**

**Viel Spaß beim Lesen und gutes Gelingen
beim Nachkochen**

Uwe

DAS DRAMA NIMMT SEINEN LAUF ODER: DER PROLOG

Ihr habt sicherlich schon einmal eine dieser Auswanderersoaps im Fernsehen verfolgt. Ich meine diese Sendungen, in denen bemerkenswert naive Menschen ohne Geld und Verstand hochmotiviert in ein fremdes Land auswandern und in der Regel nicht in der Lage sind, mehr als eine Bierbestellung in der jeweiligen Landessprache zu bewerkstelligen. Nun, was soll ich euch sagen? Ich war einer dieser Menschen. Gemeinsam mit meinem Mann Oliver beschloss ich vor vielen Jahren mein Glück im schönen Spanien zu (ver)suchen, um dort ein kleines Gästehaus zu eröffnen. Wir waren damals noch keine 30 Jahre alt (lang, lang ist es her), mit einem winzigen Grundkapital ausgestattet, und hatten selbstverständlich nicht die geringste Ahnung vom Hotelgewerbe – die idealen Voraussetzungen also, um fern der Heimat erfolgreich Fuß zu fassen. Der geeignete Ort für dieses waghalsige Vorhaben war nach kurzer Überlegung schnell gefunden, denn wir kannten bis dahin nur eine recht überschaubare Anzahl an Urlaubsdestination im sonnigen Süden. Und so landeten wir im Herbst des Jahres 1998 in der berühmt berüchtigten Bettenburg Benidorm. Mit unzähligen Hochhäusern, die den hoffnungslos überfüllten Strand zieren, nicht unbedingt das, was sich der Spanienliebhaber unter einem

WIE SIND WIR NUR AUF DIESE SCHNAPSIDEE GEKOMMEN?

Ein romantisches Fischerdorf hatten wir uns irgendwie anders vorgestellt

verträumten Küstenort vorstellt. Aber wie gesagt: Wir waren damals nicht besonders wählerisch bei der Auswahl des passenden Urlaubsortes. Eine geeignete und ziemlich heruntergekommene Villa fernab des Ortszentrums wurde uns nach einigem Klinkenputzen von einem halbwegs seriösen Immobilienmakler zum Kauf angeboten, und auch ein Bankdirektor, der uns mit dem geeigneten Kapital unterstützen wollte, erschien wie durch Zauberhand in unserem Leben als Neuspanier.

Pepe Rodriguez, ein väterlicher Mittfünfziger, zeigte sich zu Anfang noch ein wenig zögerlich. Nach zahlreichen Gesprächen konnten wir ihn jedoch von unserem Konzept überzeugen, denn unser Hotel sollte nicht nur irgendein Hotel werden. Nein, wir wollten das erste schwule Gästehaus an der Costa Blanca eröffnen. Mit dieser für damalige Verhältnisse innovativen Idee hatten wir ihn ziemlich schnell im Sack – sorry für das Wortspiel. So starteten wir also im Sommer 1999 mit unserer *Villa de los Sueños*, was zu gut deutsch *Villa der Träume* bedeutet. Im Nachhinein betrachtet war dieses Unterfangen das reinste Himmelfahrtskommando. Wir durchlebten den einen oder anderen Alptraum in unserer ungewöhnlichen Villa, doch haben wir uns acht Jahre lang tapfer durchgeschlagen und eine Menge für unsere spätere Laufbahn als Hotelbetreiber lernen können, wofür ich wirklich mehr als dankbar bin.

Mittlerweile haben wir dem Leben im Süden den Rücken gekehrt und betreiben seit einigen Jahren in dem beschaulichen Urlaubsort Bodenmais ein kleines, aber feines Hotel, die *Montara Suites*. Als absolute Quereinsteiger sind wir in dem Gewerbe hängengeblieben – irgendwie scheinen wir in Spanien unsere Berufung entdeckt zu haben, und allein für diese Erkenntnis hat sich das *Abenteuer Auswandern* bereits gelohnt. Wurde unsere Zeit in Spanien in erster Linie durch zu viel Wein, zu viele Partys und viel zu wenig Schlaf bestimmt, so läuft unser Leben im tiefsten Bayerischen Wald nun doch in etwas ruhigeren Bahnen. Die

Jahre in Spanien haben sich jedoch tief in mein Gedächtnis eingebrannt, und ich möchte die teils skandalösen Erlebnisse, mit denen ich euch auf den nächsten Seiten hoffentlich gut unterhalten werde, unter keinen Umständen missen.

Was ich noch schnell erwähnen muss:

1. Ihr seid auf der Suche nach einem ganz besonderen Kochbuch, welches euren Körper und Geist mit ausgewogenen Rezepten verwöhnt, die nach neuesten ernährungswissenschaftlichen Erkenntnissen zusammengestellt wurden? Dann stellt dieses Buch bitte ganz schnell wieder zurück ins Regal und sucht noch ein bisschen weiter!
2. Die Rezepte sind in der Regel für vier Personen berechnet (je nach aktueller Diät).
3. Alle Rezepte sind von mir erprobt und werden auch unerfahrenen Köchinnen bzw. Köchen gelingen.
4. Namen und Personen, die ihr auf den nächsten Seiten kennenlernt, sind teilweise bis zur Unkenntlichkeit von mir verändert worden. Sollte sich trotzdem jemand wiedererkennen, dann ist dies sicherlich keine böswillige Absicht von mir, sondern schlicht und ergreifend auf typisch homosexuelles Verhalten zurückzuführen.

Unser Traumhotel im sonnigen Süden

Unser Hotelpool

TARTA DE ALMENDRAS

ODER AUCH FURCHTBAR UNGESUNDER MANDELKUCHEN

Nächsten Monat werde ich 50!!! Höchste Zeit, mein erstes Kochbuch zu schreiben! „Wie bitte, noch so ein saublödes Buch, das die Welt nicht braucht?“, fragt ihr euch jetzt wahrscheinlich. Nun, im Prinzip gebe ich euch natürlich recht, schließlich findet ihr mittlerweile alle möglichen Rezepte im Internet oder in diversen verstaubten Kochbüchern, die ihr irgendwann einmal unter dem Christbaum gefunden habt. Es lebe das besonders einfallsreiche Weihnachtsgeschenk! Aber was soll ich sagen?

Lasst euch trotz aller Bedenken von mir in ein Kapitel meiner Vergangenheit entführen, das nicht ganz alltäglich ist. Ich bin ziemlich sicher, dass ihr den Kopf einige Male ungläubig schütteln und ganz nebenbei vielleicht auch noch das eine oder andere neue Gericht zustande bringen werdet, mit dem ihr eure aktuelle Flamme beeindrucken könnt. Wenn ihr es lediglich eurer langjährigen Ehefrau oder dem Ehemann vorsetzen wollt, ist das zwar nicht ganz so aufregend, aber grundsätzlich auch in Ordnung.

Wie ihr im Prolog ja bereits erfahren konntet, habe ich vor einigen Jahren zusammen mit meinem Mann Oliver dieses ziemlich ungewöhnliche Gay-Hotel an der Costa Blanca geführt, wo ich mir ohne längere Diskussionen den kulinarischen Part unter den Nagel gerissen habe. Soll heißen: Ich hatte unter anderem dafür zu sorgen, dass die Schwestern (zu gut Deutsch: die homosexuell veranlagten

Verdammt, waren wir damals noch glatt!

Männer), die wir in unserer Traumvilla zu Gast hatten, nicht mit leerem Magen auf die Jagd durch die spanische Bar- und Discoszene gehen mussten. Dass sie in ihrem Urlaub in dem sündhaften Badeort Benidorm nicht unbedingt auf die Entenjagd gegangen sind, versteht sich wohl von selbst. Bei der Vielzahl an heißblütigen Spaniern, die sich dort auch heute noch an jeder Ecke tummeln, ist dies sicher wenig überraschend.

Da ich kein gelernter Koch bin, werden die Rezepte, die ich kreiert habe, wohl kaum in den First-Class-Restaurants dieser Welt auf den Tisch kommen, doch ich kann in aller Bescheidenheit behaupten, dass meine Gerichte unseren Gästen (fast) immer geschmeckt haben. Überlebt haben diese Gäste meine Kochkünste, soweit ich weiß, ebenfalls, was speziell nach dem Verzehr einheimischer Pilzgerichte nicht unbedingt selbstverständlich ist. Neben zwei spanischen Katzen und meinem kleinen Terriermischling Benji, der irgendwann in unserem Hotelgarten saß und nach ein paar Probemahlzeiten entschied, bei uns zu bleiben, wurde unsere Hotel-Familie durch zwei spanische Männer ergänzt, die unterschiedlicher kaum hätten sein können: Carlos, unser heterosexueller und recht wortkarger Gärtner, war neben der Gartenarbeit eher für das „Grobe" in unserem Haus zuständig. Seine feurigen Augen, die breiten Schultern und seine sinnlichen Lippen waren ganz sicher nicht der Grund für seine Anstellung in unserer Villa. Nein, er konnte uns durch sein überaus qualifiziertes Auftreten während des Bewerbungsgespräches zu 100 % überzeugen. Zwar fehlte uns die gemeinsame sprachliche Ebene (erwähnte ich schon, dass wir in unserer ersten Zeit als Auswanderer keine drei zusammenhängenden Sätze zusammenbrachten?), doch wussten wir von Anfang an, dass dieser Prachtkerl unserem Garten sehr guttun würde.

Um ehrlich zu sein, haben die feurigen Augen, die breiten Schultern und die sinnlichen Lippen unsere Entscheidung eventuell doch ein kleines bisschen beeinflusst … aber hey, wir sind schließlich auch nur Männer.

Als wesentlich schwierigere Aufgabe sollte sich die Suche nach einer geeigneten männlichen Putzfee herausstellen.

Ihr habt ja keine Ahnung, was für komische Gestalten nach der offiziellen Stellenanzeige auf unserer Matte standen.

Als einer der ersten Bewerber erschien beispielsweise ein groß gewachsener, blondierter Adonis zum Vorstellungsgespräch und bot in perfekter englischer Sprache an, gegen Aufpreis nicht nur die Fußböden, sondern auch diverse Körperteile unserer Gäste zu polieren. Ich muss sicherlich nicht extra erwähnen, dass wir *keine* weitere Verabredung zur Probearbeit mit ihm vereinbart haben.

Wir hatten kaum Zeit, diesen Schrecken zu verdauen, als kurz darauf eine kugelrunde, gnadenlos aufgedonnerte Homolette (bitte vergesst nicht, dass ich als Vollbluttunte so etwas sagen darf) namens Cesar erschien und in einem schier unerschöpflichen Redeschwall versicherte, dass sie genau die Richtige für die ausgeschriebene Stelle sei. Das Einzige, was Cesar so gar nicht könne (und wolle), sei es, zu … putzen! Auch in diesem Fall verzichteten wir auf einen zweiten Termin.

Und so reihte sich eine Katastrophe an die nächste, ganz davon abgesehen, dass gut die Hälfte der Kerle, mit denen wir Termine vereinbart hatten, gar nicht erst erschien.

Wir hatten die Hoffnung schon fast aufgegeben, als es eines Abends an der Türe klopfte und Pablo, ein schmächtiger Wirbelwind aus einem benachbarten Kuhdorf namens Guadelest, vor unserem Hotel stand.

HIMMEL, EINE SADO-MASO-BORDSTEINTUNTE

Nur knapp 1,50cm groß, aber perfekt frisiert, fragte er auf Spanisch plappernd und wild gestikulierend nach einem Job in unserer Villa der schwulen Träume. Zuerst interpretierten wir seine Körpersprache in eine komplett falsche Richtung, was mir noch heute die Schamesröte ins Gesicht treibt. Dachte ich doch, er wolle mit dem Zweig, den er hektisch hin und her schwingen ließ, als Sado-Maso-Bordsteintunte bei uns anheuern. Zum Glück kamen wir jedoch schon bald dahinter, dass dieser

Zweig so etwas wie die dörfliche Version eines Besens darstellen sollte, und schon war das Eis gebrochen. Pablo bekam den Job.

Der kleine Kerl sollte sich mit den Jahren als wahrer Glücksgriff für uns herausstellen. Zwar schleppte er sein halbes Gehalt zum Friseur und ins Kosmetikstudio, aber das Eine kann ich euch sagen: Vom ersten Tag an hat Pablo in unserem Haus den Feudel in einem Tempo geschwungen, bei dem jede durchschnittliche Hausfrau vor Neid erblassen würde.

Es gab keinen Flecken, den er nicht beseitigen konnte, und selbst meine Mutter, die einen ärztlich attestierten chronischen Putzfimmel besaß, war mehr als einmal sprachlos beim Anblick des feudelnden Spaniers.

Dass er mit seiner krummen Nase und der stets etwas gebückten Körperhaltung wahrlich nicht so ein heißer Feger wie unser Gärtner war, machte er durch sein riesiges Herz, das in seiner kleinen spanischen Brust schlug, mehr als wett. Darüber hinaus war Pablo eines der größten Tratschweiber in der Benidormer Strandkurve Süd-West und versorgte uns fast täglich mit den spannendsten Skandalgeschichten aus unserem neuen Heimatort (wer mit wem, und wo, und wie oft … und überhaupt).

Gemeinsam mit Carlos und Pablo sollten wir uns also den täglichen Anforderungen stellen, die ein Haus mit 22 Schwuppen (sorry, ich meine natürlich mit 22 homosexuell veranlagten Männern), die wir in unserem Hotel maximal beherbergen konnten, mit sich bringen würden. Im Nachhinein kann ich nicht ohne Stolz behaupten, dass wir dies in der Regel auch ganz gut hinbekommen haben.

Aufgepasst! Ich sagte „in der Regel", denn wie ihr euch sicherlich vorstellen könnt, geht es in einem Haus voller Schwestern nicht immer nur ruhig und harmonisch zu. Wir sollten mit der Zeit Geschichten erleben, die ich mir selbst kaum glauben würde, wenn ich nicht dabeigewesen wäre.

Unser kleiner Benji war keine Schönheit aber sooo ein Goldstück …

Mein furchtbar ungesunder Mandelkuchen hat uns den Arbeitsalltag nicht nur einmal versüßt, denn so unterschiedlich wir vier auch gewesen sein mögen, die Liebe zu dieser ganz speziellen Süßspeise hatten wir von Anfang an gemeinsam, weshalb ich dieses Rezept als Erstes mit euch teilen möchte. Jaja, ich weiß schon: Ein ordentliches Kochbuch sollte selbstverständlich mit einer Vorspeise beginnen … aber dies hier ist alles andere als ein anständiges Kochbuch. Also, ran an die Eier und viel Spaß beim Nachkochen und Sündigen!

Lang, lang ist es her …

Zutaten
(für ein normal großes
Backblech)

Für den Teig

250 ml Sahne
250 g Zucker
4 Eier, Größe M
1 Päckchen Vanillezucker
300 g Mehl
1 Päckchen Backpulver
1 Prise Salz

Für den Belag

125 g Butter
200 g Zucker
1 EL Honig
1 Päckchen Vanillezucker
4 EL Milch
200 g Mandelblätter
1 Msp. Zimt

TARTA DE ALMENDRAS

Als Erstes alle Zutaten für den Teig in eine große Rührschüssel geben (ihr habt so etwas sicherlich schon einmal als Gastgeberinnen-Geschenk auf einer Tupperparty bekommen) und für etwa drei Minuten mit dem Rührbesen bearbeiten.

Den (hoffentlich) glatten Teig verteilt ihr nun auf dem Backblech und verfrachtet das Ganze für ca. 15 Minuten bei 200 °C in den vorgeheizten Backofen (Ober-/Unterhitze).

In der Zwischenzeit erhitzt ihr vorsichtig die Butter und löst den Zucker darin auf. Der Honig, die Mandeln, der Vanillezucker, das Zimtpulver und die Milch müssen auch noch in den Topf, wo sie kurz mitgekocht werden.

Den so entstandenen Belag verteilt ihr gleichmäßig auf dem bereits gebackenen Boden und schiebt alles noch einmal so lange in die Röhre, bis die Mandelkruste goldbraun gebacken ist.

Ich empfehle eine Stunde Jogging oder eine ähnliche körperliche Betätigung nach dem Verzehr des Kuchens, damit ihr auch in Zukunft noch in eure Slim-fit-Jeans hineinpasst.

WARME RUSSISCHE EIER

Nachdem wir mit Pablo und Carlos unser vorläufiges Personal beisammenhatten, stand die erste Zeit unter Spaniens Sonne im Zeichen der erforderlichen Renovierungsarbeiten. Schließlich sollte aus der heruntergekommenen Immobilie irgendwann unsere Villa der warmen Träume werden. Es waren einige harte Wochen, in denen wir mit viel Enthusiasmus, unzähligen Handwerkern und sehr wenig Schlaf das Unmögliche schaffen sollten. Pünktlich am 04.07.1999 starteten wir mit einer riesigen Eröffnungsparty in unser neues Arbeitsleben als spanische Hotelbetreiber.

Eine ziemlich bunte Schar neugieriger Gäste bestaunte das, was wir in den letzten Monaten auf die Beine gestellt hatten, und bediente sich äußerst großzügig am Buffet und den alkoholischen Getränken. Neben ein paar nicht mehr ganz taufrischen Fummeltrinen, die ihr Können Nacht für Nacht in der Travestie-Bar *La Mariposa* (der Schmetterling) in den schillerndsten Kleidern und mit sehr viel Make-up zur Schau stellten, erschien so ziemlich alles, was in dem Badeort Benidorm seinerzeit Rang und Namen hatte. Schließlich wollte niemand die Gelegenheit verpassen, das erste schwule Gästehaus an der Costa Blanca mit eigenen Augen zu begutachten. Während der schmächtige Pablo flink wie ein Wiesel und mit einem Tablett bewaffnet dafür sorgte, dass unsere mehr oder weniger alkoholisierten Gäste nicht austrockneten, präsentierten Oliver und ich voller Stolz unsere *Villa de los*

Bis zur Eröffnung war es ein sehr langer Weg

Sueños: Elf stylish eingerichtete Zimmer, ein gemütliches Restaurant, ein riesiger Pool und unser hölzerner Whirlpool (die sogenannte Tuntenterrine) wurden voller Interesse bewundert. Selbstverständlich hatten wir auch den Bankdirektor Pepe Rodriguez samt seiner gelifteten Gattin Penelope eingeladen – schließlich war es seiner waghalsigen Investition zu verdanken, dass wir diese Eröffnungsparty überhaupt feiern konnten. Erleichtert und mit Kennermiene bestaunte er das, was aus der ehemals baufälligen Hütte geworden war, und zeigte sich in diesem Moment sicher, mit den beiden deutschen Burschen auf das richtige Pferd gesetzt zu haben. Die Stimmung war grandios und so wurde unser Einstieg ein voller Erfolg.

Im späteren Verlauf des Abends sollte unsere Feier durch eine ganz besondere künstlerische Darbietung gekrönt werden, die unseren Gästen ordentlich einheizen sollte. Nein, wir hatten uns nicht für eine dieser Feuershows entschieden, die im Moment so beliebt sind und auf jeder zweiten Hochzeit aufgeführt werden. Ach, hätten wir das doch nur getan … Anstatt mit einem Feuerspucker auf Nummer sicher zu gehen, mussten wir zwei dämlichen Trullas uns natürlich von Pablo, unserer gut frisierten Putzfee, zu einem russischen Stripper überreden lassen – dummerweise ohne vorher einen Blick auf ihn oder sein Programm geworfen zu haben. Pablo hatte den „Künstler" an irgendeinem Strand aufgegabelt und wollte ihn wohl zu einer kleinen Vorführung in seinem Schlafzimmer überreden. Ivan, so der Name des blonden Hünen, war jedoch eher an Pablos Cousine Elena interessiert und so kam dieses flatterhafte Luder dann letztendlich in den Genuss seiner Privatshow. Um nicht komplett leer auszugehen, hatte Pablo das Objekt seiner Begierde dann zumindest auf besagter Eröffnungsfeier unterbringen können. Leider wussten wir nicht, dass Ivan für seine zügellose Hingabe bekannt war, wenn er sich erst einmal warm getanzt hatte … und an diesem lauschigen Abend im Juli 1999 hatte er scheinbar einen besonders guten Tag. Kaum hatte ich Ivan mit meinem mittlerweile mäßig vorhandenen spanischen Wortschatz angekündigt, ging ein Raunen durch die Menge. Angeheiterte Gäste jeden Alters versammelten sich am Pool, um sich die Show nicht entgehen zu lassen.

Von einem spanischen Popsong begleitet, erschien Ivan auf der Bildfläche und bewegte seine Hüften rhythmisch in alle möglichen und unmöglichen Richtungen. Als er sich das erste Kleidungsstück vom Körper riss, ertönte ein schrilles Kreischen, welches sich verdächtig nach unserem guten Pablo anhörte.

BEIM NÄCHSTEN MAL GIBT ES EINE VERDAMMTE FEUERSHOW!

Immer schneller und leidenschaftlicher hüpfte Ivan an unserem Pool entlang, bis er, nur noch in einen goldenen Lendenschurz gekleidet, von einem Scheinwerfer angestrahlt wurde. Die Menge tobte, bis … ja, bis er sich den geschmacklosen Fetzen dann auch noch mit einem animalischen Schrei vom Körper zerrte und sein wirklich enormes Talent präsentierte, das sich dem johlenden Publikum aufrecht wie ein russischer Fahnenmast entgegenstreckte.

Entsetzt ließ ich meinen Blick über die Menge schweifen, bis er an dem väterlichen Bankdirektor und seiner blondierten Gemahlin hängenblieb. Während sich das Gesicht des guten Pepe Rodriguez knallrot verfärbte und er sich nervös ein paar Oliven in den Mund warf, versuchte seine verschreckte Frau ihre Augen so damenhaft wie möglich mit den Händen zu bedecken, um diese sündige und so gar nicht katholische Darbietung nicht mit ansehen zu müssen. Allerdings öffnete sie ihre Finger dabei ein kleines bisschen und lugte verschämt zu dem noch immer hin und her schwingenden Fahnenmast. Hatte sie am Ende gar Angst, etwas Wichtiges zu verpassen?

Immer wilder wurde die Show und Ivan hatte scheinbar enorme Schwierigkeiten, seine Finger von sich zu lassen, während er wie ein überdimensionales Rumpelstilzchen über unsere Terrasse fegte. Größer und größer ragte sein Talent der jubelnden Meute entgegen. Als Ivan die anwesende Gruppe kreischender Fummeltrinen mit ein paar besonders eindeutigen Bewegungen beglückte, sah es fast so aus, als würden sie kollektiv in Ohnmacht fallen. Zum Glück blieben sie genauso standhaft wie Ivans beeindruckender Zinnsoldat …

Nach einer kurzen Stippvisite bei unserem mittlerweile hyperventilierenden Pablo war zu guter Letzt die ehrenhafte Gattin des nicht weniger ehrenhaften Pepe Rodriguez an der Reihe. Voller Ekstase und immer schneller bearbeitete Ivan seinen kleinen Kollegen, wobei sein Blick verdächtig lange auf der gut gefüllten Bluse der Frau verweilte, die ihre Augen noch immer halbherzig mit den manikürten Fingern bedeckte. Mit einem letzten gierigen Blick auf das schwarz-weiß gestreifte Oberteil der verschämten Dame kam Ivan leidenschaftlich zuckend zum *Höhepunkt* seiner Darbietung … und ich wäre in diesem Moment am liebsten mausetot umgefallen. Ach, hätten wir uns doch für eine dieser dämlichen Feuershows entschieden – es wäre uns einiges an Peinlichkeit erspart geblieben. Glücklicherweise strich die Bank unseren Kredit nicht, doch haben wir Penelope Rodriguez, die Ehefrau des Bankdirektors, nie wieder in unserem Haus gesehen.

ER WIRD DOCH NICHT WIRKLICH …?

Wie finde ich denn jetzt nur einen möglichst geschmackvollen Übergang zu einem passenden Kochrezept? Ach, was soll es! Nach diesem Kapitel geistern euch ohnehin alle möglichen Bilder im Kopf herum, da kann ich es auch einfach kurz und schmerzlos machen. Hier also das Rezept für köstliche Russische Eier. Das ist jetzt zwar nicht besonders subtil gewählt, passt thematisch aber trotzdem wie die Faust aufs Auge.

Gut, dass der kleine Pablo auch handwerklich nicht ganz ungeschickt war

Aus diesem Chaos sollte meine Hotelküche werden

Wir hatten tatsächlich so ein giftgrünes Hotelzimmer im Angebot

Zutaten

10 Eier
70 g Butter
1 ½ TL Crème Fraîche
1 TL Senf
1 EL gehackte Petersilie
1 EL gehackter Dill
1 große Prise
Paprikapulver
Pfeffer und Salz
1 Prise Chili
3 EL Paniermehl
2 EL geriebener Käse
8 mittelgroße Kapern

WARME RUSSISCHE EIER

Zuerst einmal vergesst nun, was ihr gerade gelesen habt – das lenkt euch nur unnötig ab!

Die Eier etwa zehn Minuten lang hart kochen und über Nacht in den Kühlschrank legen.

Am nächsten Tag die Eier schälen, längs halbieren und den Dotter mit einem Löffel entfernen. Stopp, was macht ihr denn da? Das Eigelb nicht in den Mülleimer werfen – das können wir später noch gebrauchen.

Jetzt hackt ihr vier der Eiweißhälften klein und vermischt sie mit der Butter, dem Senf, der Crème Fraîche, den Gewürzen, den Eidottern und den gehackten Kräutern. Alles zu einer homogenen (ein sehr schönes Wort in diesem Zusammenhang) Masse vermengen und diese in die übriggebliebenen Eiweißhälften füllen. Falls ihr euch nicht verzählt habt, sollten nun 16 gefüllte Eihälften auf die weitere Verarbeitung warten.

Die Eier mit je einer Kaper, dem Paniermehl und dem geriebenen Käse bestreuen und bei 200 °C für etwa zehn Minuten in den Ofen schieben und anschließend warm genießen.

VERFLIXTE HÜHNER BRUST

IM ZWIEBELMANTEL MIT KARTOFFELGRATIN

Mit dem folgenden Rezept verbinde ich eine ganz besondere Geschichte, denn es war das erste Gericht für zwei Hotelgäste aus dem schönen Bayern, die meine hausgemachte Halbpension zum Glück unbeschadet überlebt haben.

Es geschah am 10.07.99, also nur wenige Tage nach unserer denkwürdigen Eröffnungsparty.

Unsere allerersten zahlenden Gäste sollten an diesem Tag anreisen und wollten prompt in den Genuss meiner Kochkünste für die gesamte Dauer ihres zweiwöchigen Aufenthaltes kommen. Gott, war das eine Aufregung!

Die genaue Planung nahm Stunden, nein, Tage in Anspruch, doch stellte ich zu guter Letzt eine Speisefolge zusammen, von der sich meine Mutter am Telefon zu regelrechten Beifallsstürmen hinreißen ließ.

Die gebuchte Halbpension sollte dann auch gleich mit einem Paukenschlag beginnen:

Hähnchenbrust im Zwiebelmantel mit Kartoffelgratin. Ein Rezept, einfach und raffiniert zugleich.

Ich besorgte also rund fünf Kilo Hähnchenbrust und eine halbe LKW-Ladung Gemüsezwiebeln (zwei bayerische Burschen konnten sicherlich einiges verdrücken) und machte mich daran, das Essen vorzubereiten.

Gegen 19.30 Uhr, also kurz vor dem Abendessen, kamen sie dann an, unsere ersten Gäste: Paul und Ludwig, zwei sympathische Lederschwestern aus dem winzigen Kaff Unterhüttensölderschwang in Niederbayern!

Nach einem kurzen Small Talk, in dem ich mich davon überzeugen konnte, dass die Bayern gar nicht so ein wortkarges Völkchen sind, wie gemeinhin angenommen wird, fragte ich, ob es denn wohl irgendetwas gibt, was einer der beiden nicht mag. Die Antworten sollten mir hektische Flecken ins Gesicht treiben.

Paul: „Mei, I iss eigentlich koa Fleisch, weil mir die armen Viecher so dabarmen. I mog liaba a Gmias." (Für die Nichtbayern unter euch, hier die Übersetzung: „Weißt du, ich esse eigentlich kein Fleisch, weil mir die armen Tiere so leidtun. Ich bevorzuge Gemüse.")

NA, DAS FÄNGT JA MAL GUT AN!

Ludwig: „Aiso, i mog ois, bis auf Zwiebln. Da druckt mi da Schoas immer so, also da muas i immer so furzen. Verstehst?" (Auch hier sollt ihr wissen, worum es geht: „Also, ich mag alles, bis auf Zwiebeln. Davon bekomme ich arge Blähungen. Du verstehst sicher?")

„So ein verwöhntes Tuntenvolk", dachte ich bei mir und beschloss, nach diesem Abend den Beruf zu wechseln.

Mit diesem Gedanken und der Vorstellung einer vor sich hin furzenden Lederschwester in meinem Kopf rannte ich voller Panik in die Küche, kratzte die Zwiebelmasse von der einen Hähnchenbrust herunter und hielt Ausschau nach irgendeinem Lebensmittel, das ich anstelle der anderen Brust unter die Zwiebeln schieben konnte.

Ich verbitte mir an dieser Stelle jeden anzüglichen Gedanken eurerseits, doch gibt es ein Lebensmittel, das wirklich immer in meinem Kühlschrank zu finden ist. Es handelt sich um die vielseitige und äußerst praktische Zucchini. Noch immer leicht hyperventilierend, schnappte ich mir also ein besonders großes Exemplar aus der Familie der Kürbisgewächse (hättet ihr das gewusst?), schnitt sie in Scheiben, panierte sie und warf sie in die Pfanne, bevor ich sie anschließend mit gedünsteten Zwiebeln bis zur Unkenntlichkeit verdeckte.

Erleichtert und von meiner Spontanität tief beeindruckt, lief ich ins Bad, um mein bis dahin makelloses Gesicht zu überprüfen. Doch verdammt! Dort, wo eben noch ein gesunder, goldbrauner Teint war, befanden sich noch immer diese riesigen, hektischen Flecken. Ein wirklich unappetitlicher Makel, der es mir unmöglich machte, den Kellner an diesem Abend zu spielen. Als Ersatz musste also meine sogenannte bessere Hälfte Oliver herhalten. Oliver verkörperte in seinen jüngeren Jahren eine Mischung aus Brad Pitt (leider hat der Zahn der Zeit mittlerweile an uns beiden ordentlich genagt) und einer äußerst pflichtbewussten Grundschulsekretärin. Einziger Haken an der Sache: Weder Brad noch der Sekretärin hätte ich jemals einen Job als Kellnerin angeboten.

Wie auch immer. Ich bereitete also die Mahlzeit zu und dekorierte das Essen rubensgleich (schließlich waren es die Brüste vom Huhn) auf große Teller.

Mit Schwung in den Hüften und einem smarten Lächeln im Gesicht nahm Oliver die Teller an sich und schritt hinaus auf die Terrasse, auf der Ludwig und Paul bereits hungrig auf ihr Essen warteten.

Das nächste, was ich in der Küche wartend vernahm, war ein lautes Klirren und ein noch viel lauteres Kreischen, das unüberhörbar von der Terrasse kam, die Oliver soeben betreten hatte. Die dämliche Kuh war wohl ein wenig **zu** schwungvoll hinaus geeilt und hatte so das gesamte Essen in einem Radius von 360 Grad auf der Terrasse verteilt.

Ich beschloss, mir nicht nur einen neuen Job, sondern auch gleich einen neuen Freund zu suchen, sobald ich diese unattraktiven Flecken im Gesicht wieder los wäre.

Doch was soll ich euch sagen? Ich bin für viele weitere Jahre in Spanien geblieben und Oliver ist mittlerweile zu meinem Ehemann aufgestiegen, denn glücklicherweise gelang es uns, die Situation an diesem Abend zu retten.

Oliver füllte die beiden Bayern mit Weißbier ab (Gott sei Dank hatten wir dieses vorher auf dem spanischen Schwarzmarkt besorgen können), während ich das Essen erneut zubereitete, um es dann mit überschminkten roten Pusteln zu servieren.

Nachher saßen wir noch lange zusammen und machten den gesamten Weißbiervorrat zunichte, um dieses misslungene erste Abendessen zu vergessen.

Alles in allem waren die zwei mehr als glücklich bei uns und lobten bei ihrer Abreise besonders das leckere Essen und den Spaß, den sie während ihrer ersten Mahlzeit hatten.

Wahrscheinlich muss ich es nicht extra erwähnen, doch wurde Oliver nach diesem Abend nie wieder als Kellner eingespannt.

Zutaten

4 kleine Hähnchenbrüste
1 kg Gemüsezwiebeln
100 g Butter
Salz
Pfeffer
Mehl
ein fähigerer Kellner als
meine bessere Hälfte Oliver

VERFLIXTE HÜHNERBRUST IM ZWIEBELMANTEL

Zuerst muss ein wenig Geschmack an das Hähnchen gebracht werden – dafür die Brüstchen in mit Salz und Pfeffer gewürztem Mehl wenden.

Als Nächstes das Hähnchenfleisch mit 50 g Butter in einer Pfanne scharf anbraten und mit aufgesetztem Deckel fast zu Ende garen. Die durchgebratenen Brüste in eine flache Auflaufform legen und zur Seite stellen.

Nun die Zwiebeln in dünne Ringe schneiden, in der restlichen Butter goldbraun rösten und leicht mit Salz und Pfeffer würzen. Die Zwiebelmasse gleichmäßig auf dem Hähnchen verteilen und alles noch einmal bei 200 °C kurz überbacken, damit der Zwiebelgeschmack in das Fleisch ziehen kann.

Schmeckt mit dem nun folgenden Kartoffelgratin einfach unglaublich gut!

Zutaten

ca. 800 g Kartoffeln
1 Knoblauchzehe
250 ml Sahne
100 ml Vollmilch
Salz
Pfeffer
frisch geriebene
Muskatnuss
geriebener Käse zur
Kalorienverdopplung

KARTOFFELGRATIN

Die Kartoffeln am besten mit einem Gurkenhobel in dünne Scheiben schneiden. Bitte passt dabei auf eure zehn manikürten Finger auf, denn so eine frisch gehobelte Fingerkuppe macht sich nicht sonderlich gut im Gratin!

Mit der Knoblauchzehe reibt ihr eine flache Auflaufform ordentlich ein, bevor ihr den Rest der Zehe fein hackt und zur Seite stellt. Mit der Hälfte der Kartoffelscheiben den Boden der Form bedecken und mit einem Teil der Sahne und der Vollmilch (am besten vermischt ihr beides vorab) übergießen. Mit Salz, Pfeffer, Muskatnuss und dem Knoblauch würzen und die restlichen Kartoffeln in die Form schichten. Das restliche Sahne-Milch-Gemisch mit Schwung über das Gratin kippen, noch einmal etwas Salz und Pfeffer darüberstreuen und das Ganze für etwa eine Stunde bei 180 °C in die Backröhre schieben.

Wenn eure Hüften es erlauben, könnt ihr nach der halben Backzeit etwas geriebenen Käse auf die Kartoffeln geben.

EIERLIKÖR KUCHEN

FÜR EIN GEPFLEGTES KUCHEN-KOMA

Es gibt viele Gastronomen, die schon als solche auf die Welt gekommen sind. Wie ihr nach wenigen Kapiteln in diesem Buch sicherlich schon erahnen könnt, war das bei mir und auch bei meinem Mann Oliver nicht der Fall.

Bevor wir unser schwules Gästehaus an der Costa Blanca eröffneten, hütete ich fünf Jahre lang eine lebhafte Schar von 25 Vorschulkindern in einem Kölner Kindergarten. Glaubt es oder glaubt es nicht, aber ich war in meinem ersten Leben tatsächlich ein waschechter Erzieher und habe meinen Beruf mit sehr viel Freude ausgeübt. Ihr werdet jetzt sicherlich denken, dass eine Krabbelgruppe und eine Tuntenpension überhaupt nichts miteinander zu tun haben … doch weit gefehlt. Während meiner Zeit in Spanien fühlte ich mich sehr oft zurückversetzt in meine Zeit als staatlich anerkannte Kindergartentante.

Da gab es im Jahr 2001 zum Beispiel Harald aus Lüneburg, der meine Nerven bis aufs Äußerste zu strapazieren wusste.

Er saß jeden Tag am selben Tisch, um die erste Mahlzeit des Tages in aller Ruhe zu genießen, bis *sein* Frühstücksplatz eines sonnigen Morgens bereits durch Jérôme aus Marseille belegt war.

Wutentbrannt kam er zu mir und meinte, dass ich diese unverschämte Person unverzüglich von *seinem* Platz zu entfernen hätte, da es schließlich auch in Spanien so etwas wie ein *Gewohnheitsrecht* gäbe (habe ich bereits erwähnt, dass Harald studierter Jurist war?).

Mit pädagogisch wichtiger Miene riet ich ihm, sich doch einfach an einen anderen Tisch zu setzen oder Jérôme ein wenig Gesellschaft zu leisten, was er dickköpfig ablehnte. Stattdessen ging er in sein Zimmer und kam erst zurück, als sein Tisch wieder frei war.

Selbiger Harald war es auch, der fast täglich einen Tobsuchtsanfall bekam, weil ihm im berüchtigten Benidormer Jagdrevier (also in den Bars und Clubs, in denen sich verdächtig viele gut frisierte Herren herumtrieben) doch tatsächlich immer wieder spanische Männer begegneten, die der deutschen Sprache nicht mächtig waren – dieser Harald war ja so eine *Egozentrulla*, kann ich euch sagen!

Zwei weitere Prachtburschen, die sich fest in meiner Erinnerung verankert haben, waren Horst und Willi aus Bad Reichenhall, die unser Hotel anscheinend mit einer Luxus-Cruising-Area (sozusagen einem freizügigen Spielplatz für bereits erwähnte gut frisierte Herren) verwechselt hatten. Sie trippelten den lieben langen Tag hemmungslos glotzend umher und gingen allen anderen erholungssuchenden Gästen sehr schnell furchtbar auf die Nerven.

JA, SPINNEN DIE DENN ALLE?

Zu allem Überfluss waren die beiden an Trotzigkeit nicht zu übertreffen. So weigerten sie sich beispielsweise, gemeinsam mit Gino, einem drahtigen Sizilianer, an unserem Grillabend teilzunehmen und verließen meist fluchtartig den Poolbereich, sobald das sonnengebräunte Kerlchen die Bildfläche betrat. Angeblich hatten sie ein Problem mit italienischen Männern an sich. Böse Zungen jedoch wussten etwas ganz anderes zu berichten:

Gino hatte sie eines Abends abblitzen lassen und sich stattdessen mit ein paar spanischen Jungs vergnügt, was Horst und Willi so gar nicht nachvollziehen konnten.

Der Gipfel der fragwürdigen Genüsse war jedoch Herbert aus Gelsenkirchen, der sogenannten Perle des Ruhrpotts – so zumindest Herberts Beschreibung seines Heimatortes. Er war einer unserer ersten Gäste und somit während unserer erinnerungswürdigen Eröffnungsfeier im Juli 1999 zugegen. Wir bewirteten damals zu dritt knapp 100 Gäste und hatten an diesem Tag selbstverständlich jede Menge zu tun.

Das (Gratis-)Buffet war einzigartig an Vielfalt und Geschmack, so fanden zumindest unsere Gäste … außer Herbert.

Er kam mit der bescheidenen Bitte zu mir, ihm doch eine kleine Portion Spaghetti Bolognese zuzubereiten, da er das köstliche Buffet zwar zu schätzen wisse, doch ausgerechnet an diesem Tag der spanischen Cuisine überhaupt nichts abgewinnen könne. Wer mich kennt, der weiß, dass ich zwar sehr gutmütig und flexibel bin, aber leider auch nur zwei Hände besitze. Also bat ich ihn mütterlich motivierend, stattdessen die Dienste einer Pizza-Taxe in Anspruch zu nehmen. Das schien ihm aber das Geld nicht wert zu sein, sodass er sich leise meckernd doch über die spanischen Köstlichkeiten hermachte.

EIN HOCH AUF MEINE GUTEN NERVEN!

Am nächsten Morgen war er zwar mit unserem reichhaltigen Frühstücksbuffet zufrieden, doch bestand er auf deutschen Röstkaffee, Laugengebäck mit bayerischer Weißwurst und auf eine ordentliche Portion Zwiebelmett. Und das im sonnigen Spanien im Jahr 1999!

Gäste wie diese zählten zum Glück eher zu den Ausnahmen, sorgten jedoch dafür, dass mein Vorleben als Kindergärtnerin nicht völlig unnütz war. Ihr glaubt ja gar nicht, was man mit Geduld und einer Prise pädagogischem Fingerspitzengefühl alles erreichen kann. Aus Gründen des Selbstschutzes entwickelten wir darüber hinaus mit der Zeit zwei unterschiedliche Methoden, um trotz diverser „Individualisten" entspannt und gut gelaunt unser Tagwerk verrichten zu können.

Die erste war eine straffende Gesichtsmaske aus der Kosmetikabteilung, von der die Verkäuferin steif und fest behauptete, dass sie unser jugendliches Aussehen für viele Jahre konservieren würde (das hat leider nicht ganz hingehauen, die Maske war aber trotzdem immer sehr entspannend).

Methode zwei hingegen wirkte stets todsicher: Mein hausgemachter Eierlikör-Kuchen, mit dem wir uns in aller Regelmäßigkeit in ein gepflegtes Kuchen-Koma versetzten.

Zutaten

250 g Puderzucker
6 Eier (Größe L)
250 ml Sonnenblumenöl
250 ml Eierlikör
2 Päckchen Vanillezucker
1 Päckchen Backpulver
250 g Mehl
eventuell gemahlene
Haselnüsse und
Schokostreusel

EIERLIKÖRKUCHEN FÜR EIN GEPFLEGTES KUCHEN-KOMA

Den Puderzucker, die Eier, den Vanillezucker, das Backpulver, das Öl und den Eierlikör etwa zwei Minuten lang zu einem glatten Teig verrühren. Wenn ihr keine Eier vom Wühltisch für abgelaufene Sonderposten gekauft habt, ihr knausrigen Dinger, könnt ihr den Teig mit dem Finger schon vorab probieren.

Nun das Mehl in die Schüssel sieben und für weitere zwei Minuten mit dem Schneebesen bearbeiten. Auf Wunsch dürft ihr den Teig gerne mit 100 g Schokostreuseln oder gemahlenen Nüssen anreichern.

Den Kuchen bei 175 °C (Ober- und Unterhitze) etwa 25 Minuten lang backen und am besten sofort losschlemmen.

SPINAT TORTILLA

MIT FLUGSCHEIN

Mit der Zeit gelang es mir, so etwas wie Routine in die Hotelküche zu bekommen, und ich muss gestehen, dass mir die Arbeit als ungelernte Küchenfee immer mehr Spaß bereitete. Der Großteil meiner kulinarischen Kreationen war durchaus genießbar und so verwöhnte ich unsere Gäste mit manchmal mehr und manchmal weniger spanischen Köstlichkeiten. Wurde ich in der Zubereitung meiner Gerichte immer sicherer, so musste ich bei der Nahrungsbeschaffung die eine oder andere Hürde überwinden. Ohne erwähnenswerte Spanischkenntnisse zu besitzen, hielt schon das Einkaufen der notwendigen Lebensmittel auf unserem spanischen Wochenmarkt einige Überraschungen bereit. Sicher, ich hätte meine Besorgungen natürlich auch bei *Lidl* oder *Aldi* (die gab es tatsächlich in unserer Nachbarschaft) tätigen können – aber das wäre doch nur der halbe Spaß gewesen und irgendwie auch nicht sonderlich authentisch. Also versuchte ich Woche für Woche mein Glück auf dem äußerst lebendigen Marktplatz, denn ich hoffte inständig, irgendwann in die heilige Gemeinschaft der spanischen Hausfrauen aufgenommen zu werden.

Ich erinnere mich noch heute an das erste Hähnchen, das ich an einem üppigen Marktstand, der von einer noch üppigeren spanischen Bäuerin beherrscht wurde, erstehen wollte. Wie bereits gesagt, waren meine Spanischkenntnisse zu Anfang noch recht bescheiden, und so versuchte ich an einem sonnigen Wintermorgen, bewaffnet mit einem charmanten Lächeln und einem Wörterbuch, mein Glück auf dem Benidormer *mercado*.

Mit gekonnt aufgesetzter Kennermiene überprüfte ich die Ware und setzte zur Bestellung eines der dargebotenen Hähnchen an … nur erinnerte ich mich so spontan nicht mehr an das spanische Wort für das gewünschte Federvieh. Nach einer kurzen Bedenkzeit jedoch, während der die Bäuerin ungeduldig mit ihren fleischigen Fingern auf dem Verkaufstresen herumklopfte, fiel mir die Vokabel wieder ein und ich bestellte locker flockig ein besonders fettes *POLLA*. Die Bauersfrau schaute mich zuerst schockiert an, um dann einen mittelgroßen Lachkrampf zu bekommen – ich hatte da wohl irgendetwas verwechselt. Hektisch kramte ich das Wörterbuch aus meinem Rucksack und wusste kurz darauf, warum sich die gute Frau mittlerweile schnaufend den Bauch hielt: Die korrekte Übersetzung für Huhn wäre das Wort POLLO gewesen. Mit dem von mir bestellten POLLA wiederum bezeichnet man (im übelsten Straßenjargon) das männliche Geschlechtsteil – ich hatte also allen Ernstes einen besonders fetten Schwengel bestellt!

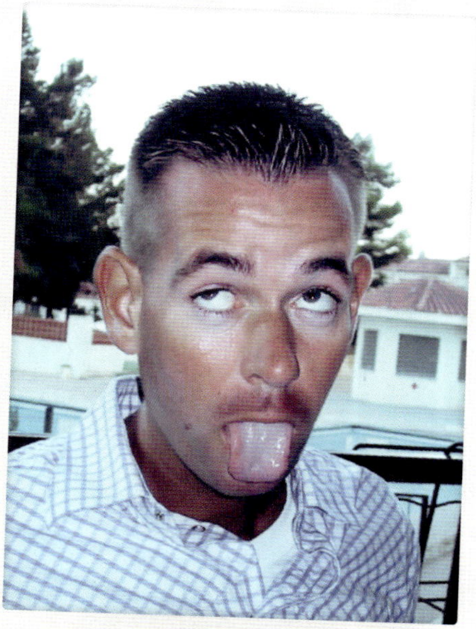

So ein Einkauf kann wirklich die Hölle sein

Mein Weg in die ersehnte Gemeinschaft der spanischen Hausfrauen rückte in diesem Moment in sehr weite Ferne.

Nachdem einige benachbarte Verkäufer dank der nicht vorhandenen Diskretion der üppigen Bauersfrau sehr viel Spaß mit der dummen deutschen Tunte gehabt hatten, beruhigte sich die Herrin des Marktstandes ein wenig und sagte mit einem dreckigen Grinsen, dass sie mir damit wohl nicht aushelfen könne, und ich mein Glück vielleicht lieber woanders versuchen solle!

Dieses Erlebnis war es wohl, das mich zu meinem ersten privaten Spanischkurs in meiner neuen Heimat ermunterte. Dank meiner damaligen Lehrerin Maria-Angelis, konnte ich nach einigen Wochen nicht nur unbesorgt auf dem Wochenmarkt einkaufen, sondern war auch in der Lage, wie ein spanischer Schweinehirte zu fluchen.

Einen Kochkurs für die einheimischen Gerichte habe ich nie belegt, weshalb es durchaus ein paar leichte Anlaufschwierigkeiten in der Erprobungsphase gab. So erinnere ich mich noch recht gut daran, wie viele spanische Tortillas (ein Omelett aus Kartoffeln, Zwiebeln und Eiern) in meinen ersten Monaten im schönen Spanien durch die Hotelküche flogen. Die verfluchten Dinger wollten sich in meiner luxuriös beschichteten Edelstahlpfanne einfach nicht wenden lassen. Die Kunst ist es, so fand ich nach der gefühlt tausendsten missglückten Tortilla heraus, dass die spanische Küche recht fetthaltig ist und an Olivenöl nicht gespart werden darf – dann rutscht auch der dickste Eierkuchen.

EINE TEURE PFANNE IST HALT AUCH NICHT ALLES

Mit den Monaten und Jahren fühlte ich mich in der mediterranen Küche immer heimischer und es erfüllte mich mit besonderem Stolz, von unseren spanischen Gästen (die unsere Villa der Träume recht zahlreich beehrten) zu hören, dass selbst die Paella in unserem Haus schmecke wie bei Muttern. Aber kommen wir noch einmal zurück auf die spanischste aller Kartoffelspeisen, die ihr mit Gemüse, Lachs oder was auch immer noch in eurem Kühlschrank herumliegt, veredeln könnt.

Eine recht köstliche Angelegenheit ist die Spinattortilla, die man kalt oder warm eigentlich in allen Lebenslagen genießen kann: zum Frühstück, mittags, auf dem Brot, als Beilage oder als Snack für zwischendurch. Aber nicht vergessen: Am Olivenöl solltet ihr nicht sparen, damit aus der Tortilla keine Flugtortilla wird!

Zutaten

6 Eier (verquirlen und leicht mit Salz und Pfeffer würzen)
4 mittelgroße Kartoffeln, in dünne Scheiben geschnitten
100–150 g TK Blattspinat, aufgetaut und gut ausgedrückt
1 kleine Zwiebel
2 EL Speckwürfel (kann auch weggelassen werden)
Salz
Pfeffer
1 Prise Muskatnuss
2 EL Olivenöl
auf Wunsch eine gehackte Knoblauchzehe

SPINATTORTILLA MIT FLUGSCHEIN

Zuerst müsst ihr die gewürfelte Zwiebel, die Kartoffeln und den Speck mit dem Olivenöl in einer Pfanne (lieber zu klein als zu groß) für etwa zehn bis fünfzehn Minuten auf mittlerer Hitze anbraten, bis die Kartoffeln einigermaßen gar sind.

Den Spinat für fünf Minuten hinzugeben und mitdünsten. Nun den Pfanneninhalt mit ein wenig Salz, Pfeffer und Muskatnuss würzen und mit den verquirlten Eiern gleichmäßig übergießen.

Schaltet den Herd auf die kleinste Stufe, deckt die Pfanne ab und wartet. Vielleicht habt ihr noch irgendwo ein Klatschblatt herumliegen, in dem ihr ein wenig herumblättern könnt, um euch die Zeit zu vertreiben.

Nach etwa zehn Minuten sollte dann der große Moment gekommen sein und ihr könnt die Tortilla wenden. Dies geht am besten mit Hilfe eines großen Tellers, auf den ihr die Tortilla gleiten lasst, um sie dann mit der Oberseite zuerst wieder in die Pfanne zu stürzen.

Nach weiteren zehn Minuten dürft ihr euer kulinarisches Kunstwerk dann der Pfanne entnehmen und genießen. Sollte die Eimasse noch nicht komplett gestockt sein, könnt ihr euch erneut den Ergüssen der Regenbogenpresse widmen und die Tortilla währenddessen noch ein wenig auf dem Herd verweilen lassen.

PORNO PUTE

IN WALNUSSSOSSE

Wenn meine erzkatholische Großtante Gertrud aus Remscheid-Lüttringhausen das folgende Kapitel liest, schlägt sie mich tot … und enterben wird sie mich darüber hinaus ganz bestimmt auch noch! Also äußerste Diskretion, meine Lieben!

Wie ihr sicherlich schon zwischen den Zeilen gelesen habt, konnten wir uns über Langeweile in unserer Tuckenpension an der Costa Blanca wahrlich nicht beklagen. Eine besonders abwechslungsreiche Woche erwartete uns im ersten Mai nach unserer Eröffnung und darf in diesem Buch schlicht und ergreifend nicht fehlen. Wir kämpften uns noch immer durch diverse Anlaufschwierigkeiten und hatten unser Haus leider Gottes nur selten komplett ausgebucht, was sich eher suboptimal auf unseren Kontostand auswirkte. So landete eine sehr spezielle, aber durchaus lukrative Anfrage der etwas an- deren Art nicht gleich im Papierkorb.

Eine *Videoproduktion* aus der Schweiz wollte unser komplettes Haus anmieten, um in unserer Villa einen Film zu drehen, in dem leicht bekleidete junge Burschen lustige Dinge wie *Bockspringen* und *Schnapp das Würstchen* präsentieren sollten. Eigentlich ein Ding der Unmöglichkeit, hatten wir schließlich einen Ruf zu verlieren. Doch, was soll ich euch sagen? Wir waren jung und brauchten das Geld. Also schlugen wir zu und vermieteten unser Hotel als Kulisse für einen absolut nicht jugendfreien, aber durchaus abendfüllenden Spielfilm.

Die Jungs mussten ja bei Laune bleiben

Wir waren selbstverständlich mehr als aufgeregt, denn wir wussten überhaupt nicht, was uns da ins Haus schneien würde.

An einem jungfräulichen Sonntagmorgen reisten sie dann an, die Crew und die Schauspieler der *Golden-Dödel-Studios* (so etwas Ähnliches wie die Bavaria-Studios, falls meine Tante Gertrud euch fragt). Besonders beeindruckt war ich von dem polnischen Automechaniker Miroslaw, der schön wie die Sünde und mit einem besonders *großen Talent* gesegnet die Hauptrolle übernehmen sollte. In dem Film ging es scheinbar um einen ständig rolligen Pizzaboten, der sich in einem spanischen Urlaubsort verlaufen hatte und nun versuchte seine heißen Backwaren in einem Hotel irgendwie unter das Männervolk zu bringen. Ich bin nicht sicher, ob ich die äußerst komplizierte Grundhandlung richtig verstanden habe, aber hey – das ist bei dieser Art von Film sicher zu verschmerzen.

Kommen wir also zurück zu dem schönen Miroslaw. Er verkörperte seine Hauptrolle wahrlich sehr professionell und überbrachte seine *Pizza* gleich mehrmals am Tag, wenn ihr wisst, was ich damit meine. Der einzige Wermutstropfen war, dass er bei der Verrichtung seines Jobs immer nur das Eine im Kopf hatte, und zwar seine Olga aus Warschau, denn Miroslaw war stockheterosexuell und frisch verlobt. Was für eine Schande!

Auch nicht von schlechten Eltern war Willi, ein Bankkaufmann aus Linz, der bei dieser im höchsten Maße anspruchslosen Produktion nur mitwirkte, weil er in seinem Leben alles einmal ausprobieren wollte. Ich denke, heutzutage nennt man das eine Bucket List oder so ähnlich.

Der experimentierfreudige Bänker spielte den lieben langen Tag an seinem kleinen Willi herum, was mich gelegentlich schon etwas aus dem

Konzept brachte. Man kann sich doch wenigstens beim Frühstück zusammennehmen, oder etwa nicht?

Ein drittes, wahrlich besonderes Exemplar seiner Gattung war Kevin, ein Hüne aus Kanada. Sein tägliches Frühstück bestand aus zwölf (!!!) hartgekochten Eiern und ein wenig Schwarzbrot.

Warum er die Eier frühstückte, konnten wir während der Dreharbeiten auf beeindruckende Weise bestaunen. Aber wofür um alles in der Welt war das Schwarzbrot gedacht?

Wider Erwarten waren alle Beteiligten völlig normal und sehr sympathisch. Es war durchaus interessant, die Akteure bei ihrer Arbeit zu beobachten, und glaubt mir, Leute: das, was die Jungs da vollbringen mussten, war nun wirklich kein Zuckerschlecken.

Wie oft mussten sie besonders akrobatische Übungen mehrfach wiederholen, während sie von einem hektischen Regisseur angebrüllt wurden und ein nicht weniger hektischer Kameramann mitsamt seiner Kamera zwischen ihren strammen Schenkeln herumturnte. Ganz ehrlich, für mich wäre das ja nichts. Mag sein, dass ich da ein wenig konservativ bin, aber ich brauche im Bett (oder wo auch immer) schon ein bisschen Privatsphäre. Die mehr oder weniger talentierten Jungschauspieler hingegen rammelten sich sieben Tage lang unermüdlich durch unser Hotel und unser Außengelände, was sich nicht immer völlig problemlos gestalten sollte. So musste ich an einem für den Monat Mai ungewöhnlich kühlen Abend sogar als Aushilfs-Krankenschwester herhalten: Willi (ihr erinnert euch an den experimentierfreudigen Bankkaufmann aus Linz?) war der Hauptdarsteller einer handlungstechnisch eher überschaubaren Szene und musste diese komplett auf dem Rücken liegend durchstehen. So lag der arme Kerl also Stunde um Stunde auf ein paar bitterkalten Terrakotta-Fliesen neben unserem Swimmingpool und wurde nur von dem einsamen Scheinwerfer gewärmt, der die Szene in ein anregendes Licht tauchen sollte. Es kam, wie es kommen musste: Willi (also nicht der kleine, sondern der große) konnte sich irgendwann kaum noch rühren und ich musste mit meinem berühmten, aber nicht besonders schmackhaften Blasen- und Nierentee aushelfen, den ich stets mit einigen hochprozentigen Tropfen aus unserer Hausbar aufzupeppen pflege. Zum Glück bekam ich beide Willis mit dem Gesöff wieder auf

WIR WAREN JUNG UND BRAUCHTEN DAS GELD

die Beine und dem erfolgreichen Abschluss der Dreharbeiten stand schon kurz darauf nichts mehr im Weg.

Nach dieser durchaus ereignisreichen Woche waren wir um ein paar Euro reicher und um eine Illusion ärmer, denn irgendwie hatten wir uns diese ganze Pornosache ja völlig anders vorgestellt. In unserer blühenden Fantasie hatten wir uns schon Wochen vorher ausgemalt, was für einen Spaß die Jungs wohl bei ihrer spannenden und sicher anständig bezahlten Tätigkeit haben würden – die Realität holte uns jedoch ziemlich schnell auf den harten Boden der Tatsachen zurück.

WENN DAS MEINE GROSSTANTE GERTRUD LIEST, BIN ICH TOT!

Das nun folgende Rezept hat eigentlich gar nichts mit der vorherigen Erzählung zu tun, schmeckt aber trotzdem sündhaft gut und ist relativ schnell zubereitet, selbst wenn ihr die Pfanne kaum von einem Küchensieb unterscheiden könnt. Oder wollt ihr lieber das Rezept für das Blasen- und Nierengesöff?

Benji beobachtete das Treiben
mit mäßigem Interesse

Nach getaner Arbeit wurde hier
standesgemäß (und bekleidet) gegessen

Unserem Ramon ging der ganze
Zirkus am Katzenarsch vorbei

Zutaten:

500 g Putenbrust
150 g Walnusskerne
1 kg Zucchini
1 Gemüsezwiebel
2 große Knoblauchzehen
2 EL Olivenöl
100 ml Weißwein
100 ml Sahne
100 ml Milch
Salz
Pfeffer
1 TL Zucker
1 TL Curry
1 Prise Kümmelpulver
1 Prise Muskatnuss

PORNO-PUTE IN WALNUSSSOSSE

Zuerst einmal das arme Putentier mit einem scharfen Messer in 2 × 2 cm große Stücke schneiden und zur Seite stellen. Das Fleisch vor der Zubereitung nicht waschen, obwohl ihr das eventuell noch von Muttern so gelernt habt!

Danach die Zwiebel würfeln und im heißen Öl glasig dünsten.

Jetzt tritt die Pute ihren letzten Flug in die Pfanne an und sollte von allen Seiten hellbraun angebraten werden.

Den zerdrückten Knoblauch und die Walnusskerne mit in die Pfanne gegeben und kurz anbraten, bis ihr mit dem Weißwein ablöschen dürft. Der Duft, der nun eure Nase erreicht, wird euch ein glückliches Lächeln ins Gesicht zaubern. Falls dies nicht so ist, habt ihr eventuell doch das Küchensieb mit der Bratpfanne verwechselt …

Solltet ihr also jetzt mit einem dümmlichen Grinsen am Herd stehen, kommt als Nächstes die Zucchini zum Einsatz. Dazu diese mit einer groben Reibe raspeln und vorsichtig mit in die Pfanne geben. Die Milch, die Sahne und die Gewürze in die Masse hineinrühren und kurz aufkochen.

Jetzt ist es an der Zeit, den Tisch zu decken, denn die Soße muss etwa 10–15 Minuten bei schwacher Hitze köcheln, bis die Zucchini eine weiche Konsistenz hat.

Zum Abschluss die Soße mit Salz und Pfeffer pikant abschmecken und mit hellen Bandnudeln als Beilage servieren.

Bleiben Soße und Nudeln übrig, weil ihr gerade mal wieder irgend so eine überflüssige Diät macht, könnt ihr beides mit ein wenig geriebenem Käse vermischen und am nächsten Tag in den Ofen schieben. Schmeckt auch als Auflauf einfach toll!

NUDEL
SOSSE
BELLA
ITALIA

Mit der Zeit sprach es sich zum Glück herum, dass die beiden Deutschen, die eigentlich keine Ahnung von der Hotellerie hatten, ihren Job ziemlich ordentlich machten. Unsere Zimmer waren immer häufiger komplett belegt und unser guter Ruf, der sich durch den pikanten Videodreh überraschenderweise noch verbessert hatte, wurde mit der stillen Tuntenpost weit über die Landesgrenze hinweggetragen. Unsere Gäste, die wir voller Motivation beherbergen durften, kamen mittlerweile aus der ganzen Welt zu uns. Nun gut, das ist jetzt vielleicht ein wenig übertrieben, aber aus großen Teilen Europas kamen sie allemal.

Als ein besonders lustiges und ausgefallenes Völkchen stellten sich die Italiener heraus, und zu fast allen italienischen Gästen, die unsere Villa besuchten, könnte ich mindestens zwei Anekdoten erzählen.

Besonders tief in meine Erinnerung hat sich beispielsweise Luigi aus Sizilien eingebrannt, der scheinbar nach Spanien gereist war, um seine gesamte Familie täglich aus dem Urlaub anrufen zu können. Ich sollte an dieser Stelle erwähnen, dass diese Familie aus mindestens 198 Mitgliedern zu bestehen schien.

Sein Mobiltelefon war auf wunderliche Weise mit seinen Ohren verwachsen, und so wackelte er den lieben langen Tag mit seiner Armani-Badehose, seiner Gucci-Sonnenbrille, seinen Versace-Badeschläppchen und seinem vergoldeten Handy (all das verteilt auf 154 cm Körpergröße) am

Pool entlang. Ich sage euch, das war wirklich ein Bild für die römischen Götter!

Ein weiteres, sehr individuelles Modell war Paolo, der uns im Oktober 2001 zum ersten Mal die Ehre gab.

Paolo war so etwas von sonnengebräunt, dass einigen unserer Gäste bei seinem Anblick schier der Atem stockte. Jede Sonnenstudio-Besitzerin wäre vor Neid erblasst. Paolo lag morgens als Erster in der Sonne und an manchen Tagen mussten wir ihn am Abend mit Gewalt von der Sonnenliege herunterzerren, damit er nicht komplett verbrannte (dieses fanatische Luder hat sich vielleicht im Polster festgekrallt, ihr habt ja keine Vorstellung).

Äußerst positive Erinnerungen verbinden mich auch mit den *drei kleinen Italienern* aus Rom, die ich namentlich leider nicht erwähnen darf, denn einer von ihnen war um fünfeinhalb Ecken herum mit einem ziemlich hohen und äußerst katholischen Tier aus dem Vatikan verwandt (wir haben halt alle unsere Last zu tragen …).

Unser kleiner Hotelhund Benji hat sich die Sache mit der Sonnenbrille abgeschaut

Die drei verwandelten ihr Dreibettzimmer in ein wahres Massenlager und feierten wohl des Nachts einige Fiestas in ihren angemieteten vier Wänden. Da wir gegen One-Night-Stands grundsätzlich nichts einzuwenden hatten, solange das Mobiliar und die Nachtruhe der anderen Gäste einigermaßen geschont wurden, ließen wir sie feiern.

Sie verabschiedeten sich nach 14 Tagen mit der Bemerkung, in unserer Villa der internationalen Träume den Urlaub ihres Lebens verbracht zu haben. Bleibt nur zu hoffen, dass „ihr wisst schon, wer" diese Zeilen niemals zu Gesicht bekommt. Ich fürchte, dass unsere *drei kleinen Italiener* in diesem

Fall einige sehr lange Sonderschichten im hoffentlich gut gepolsterten Beichtstuhl vor sich hätten.

So verschieden die italienischen Jungs auch gewesen sein mögen, eines hatten sie alle gemeinsam: Sie trugen die Armani-Sonnenbrille stets auf der Nase und das knappe Designer-Badehöschen auf der meist noch knapperen Hüfte.

Ich könnte noch stundenlang weiterschreiben, doch sollen die Kochrezepte ja nun auch nicht zu kurz kommen, weshalb ich an dieser Stelle zum nächsten Gaumenschmaus überleite. Die Nudelsoße *Bella Italia* wird ihre Wirkung nicht verfehlen, wenn euch irgendwann einmal eine dieser feurigen Eros-Ramazotti-Raubkopien über den Weg läuft, die ihr kulinarisch beglücken möchtet.

Zutaten

100 g Speckwürfel oder
gekochter Schinken
(mit Speck wird die Soße
würziger)
2–6 Gläser Weißwein
(eins davon für die Soße,
der Rest ist für die gute
Laune)
1 Gemüsezwiebel oder 2
mittelgroße Zwiebeln
2 EL Olivenöl
3 Zweige Rosmarin
3 Knoblauchzehen
300 g Champignons,
in Scheiben geschnitten
1 Prise Rohrzucker
1 Becher Sahne
200 ml Milch
250 ml Gemüsebrühe
Salz
Pfeffer
eine kleine, frische
Chilischote, gehackt

DIE VEGETARIER*INNEN UNTER EUCH KÖNNEN AUCH AUF DIE FLEISCHIGEN WÜRFEL VERZICHTEN.

NUDELSOSSE BELLA ITALIA

Zwiebeln und Knoblauch schälen und würfeln, zusammen mit Speck oder Schinken auf mittlerer Hitze in dem Olivenöl anbraten, bis alles glasig ist und der mediterrane Geruch euch geistig in eine romantische sizilianische Trattoria katapultiert, wobei das eine oder andere Glas Weißwein sehr hilfreich sein dürfte. Kehrt nach dieser kurzen Auszeit nun in eure deutsche Einbauküche zurück, denn ihr seid noch lange nicht fertig.

Die Champignons etwa 5 Minuten mitdünsten, den Bratensatz mit dem Glas Weißwein (falls noch eines übrig ist) ablöschen und mit etwas Zucker bestreut kurz einköcheln lassen.

Jetzt die Sahne, die Milch, die Brühe, die Rosmarinzweige, Salz und Pfeffer hinzugeben und alles aufkochen, bevor ihr die Hitzezufuhr ein wenig verringert und die Soße unter gelegentlichem Rühren ca. 10 Minuten köcheln lasst. Den Rosmarin solltet ihr an dieser Stelle eventuell aus der Pfanne herausfischen, damit der Geschmack nicht zu dominant wird.

Habt ihr mein Rezept genauestens befolgt, so hat die Soße mittlerweile eine leicht sämige Konsistenz erreicht. Wenn die Soße eher an ein leichtes Süppchen erinnert, dann habt ihr entweder die Sahne vergessen oder aber ihr seid mittlerweile stockbetrunken von dem köstlichen Weißwein, hängt fröhlich kichernd über dem Herd und wisst nicht mehr so genau, was ihr da eigentlich macht. Auch egal, die Hauptsache ist schließlich, dass ihr Spaß beim Kochen habt.

Zum Glück gibt es den guten, alten Soßenbinder, der fast jedes Süppchen in eine Soße zu verwandeln weiß. Eine klassische Mehlschwitze tut es selbstverständlich auch. Also: Soße andicken und dann ab aufs Sofa, um den Rausch auszuschlafen.

AGUA DE VALENCIA

Im nächsten Kapitel möchte ich euch die turbulente Gay- und Lesbenszene der Stadt Benidorm vorstellen, die zu unserer Zeit in Spanien Abend für Abend ein recht schillerndes Völkchen anlockte. Da wir für viele Jahre in der schwulen Party-Hochburg Köln gewohnt hatten, war die Benidormer Altstadt mit mehr als 20 Bars und Kneipen ganz besonders interessant für uns. Dort trafen sich Männlein und Weiblein, Arm und Reich, sowie Blutjung bis Steinalt. Jeder war in der lebhaften Stadt herzlich willkommen und meist wusste man nach einer langen Nacht gar nicht mehr zu sagen, in welchen lauten Bars und schmuddeligen Kaschemmen man (bzw. frau) mitunter gestrandet war. Zum Glück hatten wir zu Anfang unsere gute Putzfee Pablo als einheimischen Fremdenführer an unserer Seite. Wie zwei schüchterne Debütantinnen auf ihrem ersten Frühlingsball wurden wir von ihm nach und nach in die unterschiedlichsten Lokalitäten eingeführt, was bei der Vielzahl verschiedenster Anlaufpunkte eine nicht zu unterschätzende Hilfe darstellte. Es gab beispielsweise das *Popopoppers*, eine niederländische Leder-Bar, in der sich die besonders harten Kerle zu treffen pflegten. Der Dresscode war unfassbar streng – und so hatte jemand, der zumindest einen Ledergürtel trug, diesen bereits erfüllt und war autorisiert, die Höhle der Männlichkeit zu betreten. Alle Anwesenden schauten finster und böse in der Gegend herum, besonders der Barkeeper, der mit seinen 200 Kilo Lebendgewicht die Lederkluft

locker füllte. Ein absolutes Highlight war *Jack the Stripper*, der jeden Samstagabend, in ein abgenutztes Gladiatoren-Kostüm gehüllt, rasselnd die Plastikketten und das Faschingsschwert schwang, um die Meute anzuheizen. Die Show wurde begleitet vom begeisterten Kreischen der verschwitzten Masse, die ihren Spaß an der Darbietung hatte. Doch im erotischen Sinne angeheizt wurde eigentlich niemand von ihnen.

Vielleicht ist es sinnvoll zu erwähnen, dass der strippende Jack nur noch ein paar wenige Haare auf dem Kopf hatte, die er sich penibelst über die Halbglatze zu drapieren pflegte, und sein 25. Geburtstag viiiiiiel länger zurücklag, als es ihm und seinem Publikum lieb war. Aber wir wollen uns nicht beschweren, denn er brachte die Show immerhin ohne seinen Gehstock zustande und kostenlos war der ganze Spaß auch noch. Wer das etwas straffere Fleisch mochte, der war in der benachbarten *Blue-Bar* besser aufgehoben, denn die Stripper, die dort ihr Bestes gaben (und teilweise auch zeigten), hatten den 25. Geburtstag noch sehr weit vor sich.

Ein weiterer Höhepunkt war das *La Paloma* (was übersetzt „die Taube“ bedeutet … wer um Himmels willen hatte sich diesen bescheuerten Namen nur ausgedacht?), die mit Abstand älteste Kaschemme in der lebhaften Kneipenpalette. Sämtliche Dekorationsgegenstände stammten noch aus den Gründungstagen der Bar, was vorrangig die Teenies zu wahren Begeisterungsstürmen hinriss, denn für sie war der Seventies-Look total hip und megaangesagt.

Es gab in der Benidormer Altstadt eine Vielzahl von Bars, die entweder modern, antik, ruhig oder überfüllt waren, doch das absolute Glanzstück war das *La Mariposa* (was übersetzt „der Schmetterling“ heißt und in Spanien eine liebevolle Bezeichnung für uns Tucken darstellt), das den Höhepunkt einer jeden durchzechten Nacht darstellte. Das *Mariposa*, war eine schmuddelige Bar mit

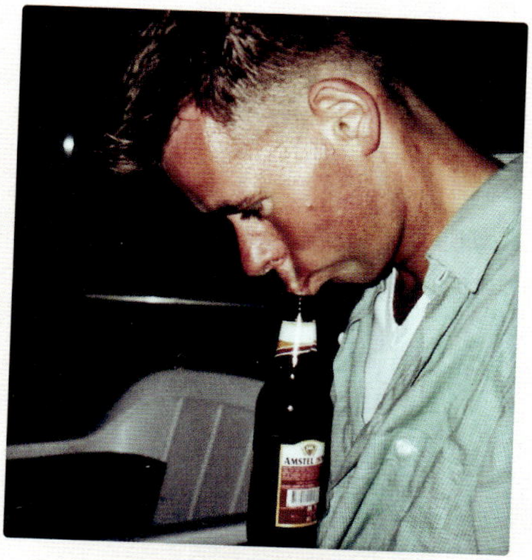

So haben wir uns früher die Lippen für das Wochenende „aufgespritzt“

wirklich grausiger Musik, die aus billigsten Lautsprechern durch den Raum schepperte.

An 365 Tagen, mehr oder weniger pünktlich gegen halb drei morgens (das spanische Nachtleben hat viele Augenringe bei uns hinterlassen), fand dort eine Travestie-Show statt, die man sich schlechter kaum vorstellen konnte.

Die betagten „Mädels" des Hauses waren zwischen 65 und 105 Jahre alt, konnten weder singen noch tanzen und gaben trotzdem täglich alles, was mitunter wirklich grauenerregend mitanzuschauen war!

Luzia, Vanessa und Florentina hatten scheinbar die Sehstärke dreier betagter Maulwurfsdamen – dementsprechend sah meist auch ihr schrilles Make-up aus. Ihre falschen Wimpern klebten überall, nur nicht dort, wo sie eigentlich kleben sollten. Auf wackeligen Knien wippten, stöckelten und krächzten sie stockbetrunken auf der kleinen Bühne umher, und nicht selten stürzte die eine oder andere *Künstlerin* kreischend von der Bühne und landete in der johlenden Menge der treuen Fans.

ETWAS SCHRECKLICHERES KÖNNT IHR EUCH KAUM VORSTELLEN

Seltsamerweise zogen sie sich bei diesen Stunts nur äußerst selten eine Prellung oder gar einen Knochenbruch zu, der dann größtenteils auch überraschend schnell verheilte. Vielleicht lag das an den vielen Gin Tonics, die sich die drei pausenlos hineinbecherten. Jeder, der dieses Schauspiel einmal miterlebt hatte, den hatte die Sucht gepackt, denn diese Bar war einzigartig auf der Welt und an spaßiger Atmosphäre kaum zu übertreffen.

Benidorms Kneipenszene war sicherlich völlig anders als die in Köln, und doch war es etwas ganz Besonderes, sich dort die schwül-warmen Nächte um die Ohren zu schlagen. Das Rezept für das traditionelle *Agua de Valencia*, das Wasser von Valencia, gebe ich euch nun mit auf den Weg. Dieses wurde in den Benidormer Bars eimerweise getrunken und gehörte zu einer aufregenden Nacht dazu, wie das köstliche Kölsch im schönen Köln.

Zutaten
für einen ordentlichen
Pott

ein großer Schuss
Cointreau
ein noch größerer Schuss
Pfirsichlikör
trockener Sekt
frisch gepresster
Orangensaft
einige Pfirsich- und
Apfelstückchen
Eiswürfel

AGUA DE VALENCIA

Zuerst füllt ihr Eiswürfel in große Gläser, den Likör und den Cointreau dazugeben, bevor das Ganze großzügig mit dem Sekt aufgefüllt wird.

Den vitaminhaltigen Orangensaft zu guter Letzt für die appetitliche Farbe und gegen das schlechte Gewissen mit in das Glas gießen und einige Obstwürfel dazuplumpsen lassen.

Vielen unserer Gäste wurde dieses köstliche Getränk regelmäßig zum Verhängnis, denn es schmeckt süffig-leicht und wandert doch ziemlich schnell in den Kopf.

ADLIGE FILET SPIESSE

MIT APRIKOSENSOSSE

Genau wie die meist lebenslustigen Italiener wissen auch die Spanier, wie man eine ordentliche Fiesta auf die Beine stellt.

Es gibt wohl kaum einen Heiligen in der katholischen Kirche, der nicht mit seinem eigenen Fest- bzw. Urlaubstag gefeiert wird. Es hört sich vielleicht ein wenig boshaft an, doch hatte ich in meinen Jahren im sonnigen Süden häufig den Eindruck, dass nicht wenige Menschen in Spanien der Vorbereitung und Durchführung ihrer Fiestas wesentlich mehr Zeit widmeten als der täglichen Arbeit. Doch sind wir Kölner vor dem Karneval da wohl auch nicht anders.

Eines der wichtigsten Ereignisse sind Jahr für Jahr definitiv die sogenannten *fallas*, ein riesiges Frühlingsfest, das Mitte März im Großraum Valencia mit ordentlichem Getöse gefeiert wird. Zur allgemeinen Einstimmung finden zuallererst die lärmenden *mascletas* statt: Unzählige Knallkörper werden gezündet, mit denen sich die feierwütigen Spanier gegenseitig das Gehör wegballern. Die Böller erreichen nicht selten eine Lautstärke von über 140 Dezibel. Für alle unter euch, die diese 140 Dezibel nicht zuordnen können, sei erwähnt, dass man die *mascletas* im spanischen Volksmund auch das Fest der Hals-Nasen-Ohren-Ärzte nennt, denn die haben nach dem Fest der tausend Knallkörper ganz besonders gut zu tun. Aber kommen wir nun zurück zum Herzstück der *fallas*-Feiertage, dem die Menschen Jahr für Jahr entgegenfiebern. Jede Stadt und jedes noch so kleine Dörfchen in der

Umgebung rafft im Vorfeld monatelang alles an Geld zusammen, was die Stadtkassen, die Spendierhosen der Bewohner und die Klingelbeutel der Kirchen hergeben, und dann kann es losgehen: Die sogenannten *fallas*-Figuren werden errichtet. Es werden rund 700 dieser Kunstwerke erschaffen, wobei die imposantesten Figuren durchaus eine Höhe von bis zu 30 Metern erreichen können. Dies nur, um die Dimension ein wenig zu verdeutlichen. Die zum Teil riesigen Gebilde sind hochgradig durchgeplante und mit viel Liebe gezimmerte Figuren aus Holz und anderen leicht brennbaren Materialien, die während der Festtage im März auf fast jedem öffentlichen Platz der verschiedensten Städte und Dörfer aufgestellt werden. Doch sind die Kunstwerke nicht nur sehr schön anzuschauen, sondern sie haben auch einen tieferen Sinn. Es werden Menschen und Situationen aus Politik und Medien auf die Schippe genommen, indem diese als Karikaturen auf das Böseste überzogen und mit sehr viel bissigem Humor dargestellt werden. So wird Tradition, Satire und Kunst auf teilweise unglaublich originelle Weise miteinander kombiniert. Die unumstrittene Hochburg dieses Festes ist die wunderschöne Stadt Valencia, in der es unzählige dieser imposanten und kostspieligen Figuren zu bestaunen gibt. In der Nacht zum 20. März kommt es dann zum Höhepunkt: Die Figuren, die jedes Jahr mehrere Millionen Euro verschlingen, werden eine nach der anderen durch legalisierte Brandstiftung in Schutt und Asche gelegt, was von dem jeweiligen Publikum in wilder Ekstase gefeiert wird. Ob die unverhältnismäßigen Gefühlsregungen nun der Feuerhitze oder dem übermäßigen Sangria-Genuss zuzuschreiben sind, kann ich an dieser Stelle nur vermuten. Doch zurück zu der mutwilligen und gewollten Zerstörung der einzigartigen Kunstwerke. Das Feuer wird von den sogenannten *fallas*-Prinzessinnen entzündet, die schon Monate vorher gewählt werden und auf diversen Umzügen ihres Amtes walten dürfen. Nun sollte man vermuten, dass den schönsten und anmutigsten Töchtern des Landes diese Ehre zuteilwird – doch weit gefehlt. Stattdessen gibt es ein äußerst *demokratisches* Verfahren, um zu ermitteln, wem die Prinzessinnen-Krone gebührt: Die Töchter, deren Familien bereit sind, die meiste Knete für die Figuren springen zu lassen, besteigen den begehrten Thron. So sind es also nicht die edlen, schönen

GIBT ES DIESES STRETCHKLEID AUCH IN GRÖSSE 58?

Jungfrauen, die in teuerste Gewänder gehüllt umherschreiten, sondern die molligen Töchter des Metzgermeisters und des ansässigen Schweinezüchters, die sich in die meist viel zu engen und glitzernden Fummel pressen und so eher einer Truppe tanzender Fleischwürste ähneln, als einer Horde junger Schönheitsköniginnen. Nach unzähligen offiziellen Terminen walten die zarten Prinzessinnen dann in besagter Nacht zum 20. März ihres letzten Amtes. Pünktlich zur Geisterstunde dürfen sie die liebevoll gestalteten Figuren abfackeln, worauf dann das eigentliche Spektakel des Abends folgt: Den Mädels ist bei der Ausübung dieser ehrenvollen Aufgabe selbstverständlich klar, dass es wohl noch ein wenig dauern wird, bis sie das nächste Mal bei einer Miss-Wahl oder Ähnlichem ganz oben auf dem Treppchen stehen werden (außer vielleicht bei der Wahl zur Miss Wurstsülze im väterlichen Betrieb), und so wird das Brennen der Gebilde und das Jubeln der Menschen nur noch übertönt vom herzzerreißenden Kreischen und Heulen der aufwendig geschminkten Feuerlegerinnen. Könnt ihr euch vorstellen, wie ein verheultes, hysterisch kreischendes Marianne-Sägebrecht-Körperdouble, dem sämtliche Schminke das Gesicht herunterläuft, vor allem auf die homosexuellen Zuschauer wirkt? Glaubt mir, größere und treuere Fans werden die Mädels nirgendwo finden können.

EINE STADT IN FLAMMEN

Und so stand auch ich in der Vergangenheit mit vielen unserer Hotelgäste alljährlich an vorderster Front, um die *Königinnen der Nacht* anzufeuern und ihrem unvergesslichen Erfolg beizuwohnen. Solltet ihr irgendwann einmal die Möglichkeit haben, Spanien Mitte März zu bereisen, so lasst euch diese ganz besondere Fiesta unter gar keinen Umständen entgehen. Ihr werdet es sicher nicht bereuen.

Die köstlichen Fleischspieße werden dabei nicht selten feilgeboten und dienen neben sehr, sehr viel Sangria dem körperlichen Wohl während der unvergesslichen Festtage.

Zutaten

750 g Schweinefilet
Olivenöl
50 g Butter
2 TL zerdrückter Knoblauch
150 g Aprikosen, püriert
50 g Erdnussbutter
Zitronensaft zum Abschmecken
Salz und Pfeffer

ADLIGE FILETSPIESSE MIT APRIKOSENSOSSE

Den Knoblauch in Öl und Butter andünsten, Erdnussbutter und Aprikosen einrühren und langsam erhitzen, bis sich die Erdnussbutter aufgelöst hat.

Das Fleisch in fingerdicke Scheiben schneiden und auf mehrere Holzspieße stecken, sodass sie flach nebeneinander aufgereiht sind. Das Filet mit Salz und Pfeffer würzen und in heißem Öl auf den Punkt durchbraten oder alternativ auf den guten alten Holzkohlegrill schmeißen.

Die Soße mit Salz, Pfeffer und Zitronensaft abschmecken und über die Spieße geben!

BESCHWIPSTER
SEEHECHT

Der homosexuelle Mann und sein Haustier – eine Geschichte für sich! Um ehrlich zu sein, könnte ich wahrscheinlich eine ganze Romanreihe zu diesem Thema verfassen, doch muss zur Verdeutlichung vorerst ein Kapitel ausreichen.

Im Laufe der Zeit fanden sich in unserem Tuntenhotel an der Costa Blanca zahlreiche Gäste ein, die auch im Urlaub nicht auf die Gesellschaft ihrer kleinen Lieblinge verzichten wollten, was sich nicht immer völlig reibungslos gestalten sollte.

Ich möchte den Reigen meiner Erzählungen mit Helmut aus dem Saarland eröffnen, der uns im August des Jahres 2002 die Ehre gab.

Helmut hatte neben einem Doppelzimmer mit Frühstück auch noch unsere Halbpension für zwei Personen gebucht, was mich annehmen ließ, dass er zusammen mit (s)einem Freund nach Spanien reisen würde – doch lag ich mit dieser Vermutung ziemlich weit daneben.

Seine Begleitung hieß Franz-Josef und war ein übergewichtiger, saubrauner Kurzhaardackelrüde.

Das gebuchte Abendessen nahm das ungleiche Gespann gemeinsam in romantischer Atmosphäre auf unserer Hotelterrasse ein. Helmut saß am Tisch, während Franz-Josef neben ihm am Boden kauerte und sein dreigängiges Abendmenü, welches ich mit den besten Zutaten frisch zubereitet hatte, aus seinem vergoldeten PRADA-Hundenapf laut schmatzend zu sich nahm. Da Franz-Josef wie gesagt einige

Kilo zu viel auf die Waage brachte und aufgrund seines fortgeschrittenen Alters nicht mehr besonders gut auf den Pfoten war, hatte Helmut einen todschicken, ergonomisch geformten Wagen anfertigen lassen, für den jedes Menschenkind ohne mit der Wimper zu zucken die leiblichen Eltern verkaufen würde. In diesem Flitzer saß der gemütliche Rüde immer dann, wenn ein Ausflug stattfand, und bestaunte die abwechslungsreiche Umgebung mit seinem liebenswerten Dackelblick.

Helmut und sein molliger Liebling waren unzertrennlich und erkundeten gemeinsam vierzehn Tage lang die Sehenswürdigkeiten der Region. Ein ungewöhnliches Paar, doch machten beide einen sehr glücklichen Eindruck – und das war es ja am Ende, was zählte. Als Abschiedsgeschenk bekam ich ein in Gold gefasstes Erinnerungsfoto von Franz-Josef, denn sowohl Herrchen als auch Hundchen waren mit ihrem Urlaub rundherum zufrieden und versprachen, uns bald noch einmal einen Besuch abzustatten.

Eine leider nicht ganz so glückliche Geschichte geschah im März des darauffolgenden Jahres, als Armin und Christian aus Wuppertal unsere Gäste waren. Die beiden wollten nicht nur sich selbst, sondern auch ihrem kleinen Engel Jacqueline, genannt Jacquelienchen, eine Luftveränderung gönnen, denn das arme Tier litt seit Kurzem an Asthma.

Ich sollte an dieser Stelle vielleicht erwähnen, dass es sich bei Jacqueline um ein rostrotes Rosetten(!!!)-Meerschweinchen handelte.

Leider konnte das süße, kleine Ding die spanische Sonne nur kurz genießen, denn nachdem Armin eines Abends vergessen hatte, die Käfigtüre ordnungsgemäß zu schließen, machte sich der Nager auf Entdeckungsreise durch unseren Palmengarten und lief tragischerweise schon nach wenigen Metern unserem gefräßigen Hauskater Ramon in die Arme, oder vielmehr in die Krallen …

Gut erzogen, wie er war, legte Ramon den beiden Wuppertalern zu allem Überfluss ein kleines Dankeschön in Form

Ob ich das Ding wohl vorher noch braten sollte?

von zwei Meerschweinchenohren vor die Zimmertüre. Tragisch, tragisch, das Ganze, aber wenigstens musste sich Klein-Jaqueline danach nicht mehr mit ihrem Asthma herumplagen …

Einen sehr speziellen, vierbeinigen Gast habe ich noch heute genau vor Augen: Sue-Ellen (ihr erinnert euch sicherlich noch an das gleichnamige, versoffene Frauenzimmer aus der US-Fernsehserie *Dallas*), die leicht schielende Pudeldame unseres Gastes Bernhard aus dem schönen Leipzig. Sie hatte die gleiche Leidenschaft wie ihr Herrchen: Sie liebte Hochprozentiges.

Unser Killer-Kater Ramon

Ihr denkt jetzt wahrscheinlich, dass ich euch einen riesigen Bären aufbinde, doch dieses trunksüchtige Luder (ich meine natürlich den Hund) war tatsächlich zu Gast in unserer *Villa der tausend Sünden*.

Kein Getränk konnten wir unbeaufsichtigt herumstehen lassen. Sue-Ellen witterte den Alkohol schon nach kürzester Zeit und machte sich in ihrem einwöchigen Spanienurlaub gierig schlabbernd über diverse Longdrinks, Bierflaschen und Cocktails her, was ihr ein Lächeln in das schielende Hundegesicht zauberte. Ich frage mich gerade, ob es so etwas wie eine Betty-Ford-Klinik für Haustiere gibt … diese wäre sicherlich nicht die schlechteste Anlaufstelle für die gute Sue-Ellen gewesen, denn nicht selten war der Köter so blau wie der beschwipste Seehecht, der regelmäßig in meinem Kochtopf landete.

SO EIN VERSOFFENES LUDER ABER AUCH

Zutaten

1 Stange Sellerie
2 Bio-Zitronen, in dünne Scheiben geschnitten,
Salz
Weißwein, denn auch die Weisheit, dass Fisch schwimmen muss, habe ich in einem dieser Klatschblätter aufgeschnappt
2 Gemüsezwiebeln
1 Bund Petersilie
3 Tomaten
5 Knoblauchzehen und ein paar klein gehackte Oliven (es handelt sich schließlich um ein spanisches Fischgericht)
100 g Paniermehl, denn das nimmt Käpt'n Iglo auch für seinen Fisch – kann also gar nicht so falsch sein
Pfeffer
Oregano
6 EL Olivenöl
und natürlich etwa 600 g Seehecht, enthäutet, filetiert und grätenfrei

ICH HABE IN IRGENDEINER FRAUENZEITSCHRIFT GELESEN, DAS WICHTIGSTE BEI DER FISCHZUBEREITUNG SEI: SÄUBERN, SALZEN, SÄUERN

BESCHWIPSTER SEEHECHT

Zuerst gebt ihr die klein geschnittenen Zwiebeln in die heiße Pfanne, in der sich 3 EL Olivenöl befinden – die andere Hälfte des Öls benötigt ihr später.

Während die Zwiebeln nun vor sich hin dünsten, schnippelt ihr den Sellerie in Würfelchen, hackt den Knoblauch ganz klein und schneidet die Tomaten und Zitronen in dünne Scheiben.

Sobald die Zwiebeln glasig sind, gebt ihr den Knoblauch, die Oliven, die Tomaten, den Sellerie und die Petersilie hinzu und dünstet das Gemisch noch einmal für etwa acht Minuten.

Als Nächstes bestreicht ihr den Boden einer Auflaufform mit dem restlichen Olivenöl und verteilt den Fisch in selbiger. Würzt ihn ordentlich mit Salz, Pfeffer und Oregano, bevor ihr das Gemüse, das sich noch immer in der Pfanne befindet, gleichmäßig auf dem Seehecht verteilt.

Die Zitronenscheiben obenauf legen und die Auflaufform mit dem Weißwein und je nach Geschmack mit ein wenig Zitronensaft übergießen.

Zum Abschluss streut ihr das Paniermehl Käpt'n-Iglo-like über das Fischgericht und schiebt es bei ca. 175 °C (Ober- und Unterhitze) für knapp eine Stunde in den Ofen.

UWES CAIPIRINHA ERBSEN-SUPPE

Ob es uns nun passt oder nicht: Wir leben im Zeitalter der Computerisierung. Ein dreifaches Hoch auf das Internet! Kaum ein Mensch geht noch in ein Reisebüro, um seinen Urlaub zu buchen. Kaum ein Mensch kauft sich die Tageszeitung, da diese auch online verfügbar ist. Und wer plaudert noch mit dem freundlichen Schalterbeamten seiner Hausbank, wo es doch das bequeme Onlinebanking gibt? Auch in den Tuntenalltag hat die moderne Welt längst Einzug gehalten, denn was wäre der Homosexuelle von heute ohne die vielen Online-Kuppel-Plattformen, die zum Flirten und Kennenlernen einladen? Der reinste Supermarkt, in dem man das Fleisch in allen Formen und Größen ordern kann, ist das. Ähm … also das habe ich … ähm … von einem Freund gehört, der sich dort gelegentlich virtuell herumtreibt. Ja, genau, von einem Freund habe ich das gehört – ich würde so etwas ja niemals machen.

Selbstverständlich verfügte auch unser lauwarmes Hotel über eine Surfstation, an der sich unsere Gäste im World Wide Web so richtig austoben konnten. „Eine Surfstation, was soll das denn bitteschön sein?", höre ich euch vor meinem inneren Auge verwundert fragen. Leute, bitte erinnert euch, wann wir unsere Brötchen und Croissants in Spanien verdient haben! Damals gab es noch kein Smartphone als ständigen Begleiter und besten Freund des Mannes, man musste am hauseigenen Computer arbeiten. Einige sehr interessante Geschichten kamen mir im Laufe

der Zeit zu Ohren, die nicht immer ganz jugendfrei waren. Besonders gerne erinnere ich mich an einen Gast, der unseren Computer fast zu jeder Tages- und Nachtzeit in Anspruch nahm, um seinen Trieben nachzugehen. Sven, so der Name des 28-jährigen Flugbegleiters aus Frankfurt, hatte sich vorgenommen, jeden Urlaubstag so abwechslungsreich und prickelnd wie möglich zu gestalten, was zu einigen mittelschweren Katastrophen führen sollte. Er verabredete sich gleich am ersten Urlaubstag mit Javier – angeblich gutaussehend, bestens bestückt und feurig wie eine ordentliche Portion Chili vom Mexikaner – in einem Restaurant nicht weit von unserem Hotel entfernt. Zu seiner großen Enttäuschung musste er dort feststellen, dass dieser *Zuchtbulle* (so sein eingedeutschter Nickname) ein übergewichtiger 59-jähriger Schuhverkäufer aus Alicante war, der soeben seinen zweiten Frühling entdeckt hatte. Nicht viel mehr Glück hatte Sven am nächsten Tag mit *Wild Alex* aus Murcia, der unserem Gast einen Abend voller Überraschungen versprach. Sven konnte schon Stunden vor dem hoffentlich *großen* Date nicht still auf seiner Sonnenliege verweilen und kippte sich vor lauter Aufregung einen Martini nach dem anderen hinein. Wohl gemerkt bei 38 °C Außentemperatur. Nachdem er sich voller Optimismus ein paar zusätzliche Kondome und seine Reise-Knieschoner in die Jackentaschen gestopft hatte, marschierte er am Abend gackernd und mit leichter Schlagseite los, um zu sehen, welche Überraschungen der „Wilde Alex" ihm bescheren möge. Die größte war sicherlich, dass sich Alex auch gerne Alexandra nannte und Sven in einem goldenen Fummel von Dior erwartete … mit passenden High Heels, versteht sich.

Irgendwie muss das Drecksding doch zu öffnen sein …

Ich muss wohl nicht erwähnen, dass der geplagte Kerl schlagartig nüchtern war und das Lokal fluchtartig verließ.

Zum Glück haben wir uns schon vor 30 Jahren gefunden und sind somit versorgt

Einen letzten, verzweifelten Versuch unternahm Sven dann mit dem vielversprechenden *Horsehung 25* (googelt ruhig einmal die Übersetzung). Am Tag X marschierte Sven frisch geduscht und genauso frisch motiviert los, um zu erforschen, ob die *25* als Alterszahl oder eher als Größenangabe – für ihr wisst schon was – zu verstehen sei. Der knackige Spanier entpuppte sich als 29-jähriger (was das Rätsel um die 25 an dieser Stelle wohl lösen sollte), sportlicher Surflehrer und passte zu 150 % in Svens favorisiertes Beuteschema. Das Treffen begann geradezu perfekt und die beiden verstanden sich auf Anhieb. Man hatte sich viel zu erzählen und die Optik von Juan, so Horsehungs Name, raubte Sven schier den Atem. Bis … tja, bis … Juan seine Preisliste dezent über den Tisch wandern ließ, denn so viel Schönheit sei nicht umsonst zu haben, erklärte er dem verdutzten Flugbegleiter. Dies war das letzte Treffen, dass Sven am Computer vereinbarte, während er bei uns zu Gast war. An den nächsten Abenden ging er stattdessen in die zahlreichen, ansässigen Schwulenbars auf die Jagd, wo sich die Beute stets offen und halbwegs authentisch präsentierte. Es liefen zwar nicht nur Zuchtbullen, wilde Transen und Pferdekörperteil-Doubles herum, doch konnte Sven sich mit dem einen oder anderen Cocktail im äußersten Notfall auch ein paar stinknormale Kerle schöntrinken und hatte einen Riesenspaß dabei. Da es sich bekanntlich auf nüchternen Magen nicht besonders gut saufen lässt, versorgte ich den chronisch rolligen Kerl, mütterlich, wie ich nun einmal bin, stets mit einem Teller meiner selbst kreierten Caipirinha-Erbsensuppe, bevor er sich kopfüber in das Benidormer Nachtleben stürzte.

WAS MAN(N) SICH NICHT ALLES ANTUT …

Zutaten

500 g TK-Erbsen
1 mittelgroße Dose Erbsen (Flüssigkeit abgießen)
1 große Zwiebel, gewürfelt
50 g Butter
200 ml Weißwein
1 großer Spritzer Cachaça
500 ml Gemüsebrühe
100 ml Sahne
1 TL geriebene Bio-Limettenschale
Saft einer Bio-Limette
1 TL getrockneter Thymian
Salz und Pfeffer

UWES CAIPIRINHA-ERBSENSUPPE

Zuerst werft ihr mit Schwung die Zwiebel und die Erbsen in den guten, alten Suppentopf und schwitzt das Gemüse in der Butter für ein paar Minuten an. Nun löscht ihr den Topfinhalt mit dem Weißwein ab und gießt nach etwa zwei Minuten die Brühe, die Sahne und den Cachaça hinzu.

Nach weiteren fünf Minuten wandern die übrigen Zutaten auch noch in den Pott. Lasst die Suppe für knapp 20 Minuten auf schwacher Hitze köcheln und bearbeitet sie dann mit dem Pürierstab. Schmeckt euer Kochergebnis zum Abschluss mit Salz und Pfeffer ab – fertig!

APFEL STREUSEL KUCHEN

MIT BUMMS

Das Rezept dieses wahrhaft köstlichen Apfel-Streuselkuchens habe ich vor vielen Jahren unter Einsatz meines Lebens und meiner Frisur kreiert und das ist wirklich alles andere als übertrieben.

Das Drama nahm seinen Anfang im Mai des Jahres 2003, als eine schwule Häkelgruppe (das ist jetzt kein Witz), bestehend aus zwölf bärtigen Berliner Lederschwestern, in unserem Gästehaus zu Besuch war.

Die Gruppe war in der Ausübung ihres Hobbys wahrhaft kreativ und klöppelte die unglaublichsten Sachen zusammen. Ich hatte bis dahin ja keine Ahnung, was man so alles häkeln kann. Es entstanden unzählige rosarote Topflappen, Schurwoll-Jockstraps (und schon wieder ein Fall für eure Google-Bildersuche), Angora-Eierbecher (damit auch im Winter immer alles schön warm bleibt) und viele andere ausgefallene Kreationen der schwulen Handarbeitskunst.

Die Jungs trafen sich jeden Nachmittag häkelnderweise am Pool und bei Kaffee und Kuchen schienen sie sich wahrlich blendend zu amüsieren. Leute, ich kann euch sagen, das war vielleicht ein Geschnatter und Gegacker – HERRLICH!

Eines sonnigen Tages dann hatte eine der *Häkelschwestern* – so der Name der Gruppe – Geburtstag und wünschte sich von mir ihren Lieblingskuchen: einen frischen, nach Zimt duftenden Apfel-Streuselkuchen.

Na, wenn es weiter nichts ist, dachte ich bei mir und machte mich sogleich auf den

Weg in die Küche, um zu kontrollieren, ob auch alle notwendigen Zutaten vorhanden waren.

Ein Boden für den Kuchen war kein Problem und auch die Streusel waren schnell gezaubert, doch was sollte ich um Himmels willen mit den Äpfeln anstellen? Ich konnte die Dinger schließlich nicht roh auf den Kuchen werfen. Bei einem Blick in unser gut gefülltes Getränkelager streifte selbiger eine Flasche hochprozentigen Calvados, der noch vom Bratapfelbacken im Dezember übriggeblieben war – und schon war der Kuchen gerettet!

Ich schnitt also die Äpfel in kleine Stücke und dünstete sie ein wenig in der Pfanne (die sich wohlgemerkt auf der offenen Flamme unseres Gasherdes befand), um sie dann mit einem guten Schluck Calvados abzulöschen.

Ich öffnete die Flasche, holte aus und goss einen ordentlichen Schwall über die Äpfel …

WUMM!!!

Hier vergnügten sich die Häkelschwestern, während mir der Kuchen um die Ohren flog

Die Stichflamme, die aus der Pfanne nach oben schoss, riss mich fast von den Füßen.

Kreischend schnappte ich nach dem brennenden Gerät und rannte los in Richtung Waschbecken, wo es mir trotz einiger umherfliegender Apfelstücke gelang, die wild zischenden Flammen zu löschen.

Zitternd und noch völlig unter Schock stehend, ging ich zum Badezimmerspiegel und blickte in mein rußgeschwärztes Gesicht. Überall klebten in Calvados getränkte Apfelbrocken und auch meine versengte Frisur sah nicht mehr allzu partytauglich aus.

Nach einer warmen Dusche und einem Gläschen Wein zur emotionalen

Beruhigung sah die Welt gleich etwas besser aus und ich beendete mein Backwerk.

Das Kuchenrezept (jedoch mit etwas weniger Calvados) gehörte seit diesem denkwürdigen Tag zum festen Repertoire unseres Hauses und zauberte so mancher naschhaften Tunte ein breites Lächeln ins Gesicht.

Zum Glück konnte ich so meine derangierte Frisur kaschieren

Zutaten
für den Boden

200 g Butter
100 g Zucker
1 Ei
200 g Mehl
1 TL Backpulver

Zutaten
für den Belag

4 Äpfel
etwas Butter
ein ordentlicher Schuss
Calvados
etwas Zucker

Zutaten
für die Streusel

100 g Butter
70 g Zucker
1 TL Zimt
100 g Mehl

APFEL-STREUSELKUCHEN MIT BUMMS

Mit dem Schneebesen verrührt ihr zuerst alle Zutaten für den Boden und drückt diesen mit den Fingern in einer gefetteten Springform fest.

Als Nächstes schneidet ihr die Äpfel in kleine Stücke und dünstet diese mit etwas Butter ein paar Minuten unter ständigem Rühren an.

Nun heißt es aufgepasst, denn das Obst muss mit einem guten Schluck Calvados und ein wenig Zucker abgelöscht werden.

Hier eine kleine Info am Rande: Mehr als 50 Prozent aller Unfälle ereignen sich im Haushalt!

Habt sowohl ihr als auch eure Frisur diesen schwierigen Teil des Backens heil überstanden, müssen jetzt ein paar Streusel geknetet werden.

Hierfür alle Zutaten mit kühlen und flinken Fingerchen zu kleinen Streuseln verarbeiten, die ihr anschließend auf den Kuchen pfeffert.

Das Ganze wandert nun für etwa 45 Minuten in den gut vorgeheizten Ofen und wird bei 180 °C (Ober-/Unterhitze) goldbraun gebacken!

Der Kuchen schmeckt lauwarm mit ein wenig Vanilleeis einfach göttlich!

FRUST-HÄHNCHEN-BRUST

IN FEURIGER ERDNUSSSOSSE

Nach dieser durchaus liebenswürdigen Beschreibung einer stockschwulen Häkelgruppe ist es nun an der Zeit, noch einmal ordentlich über einen unserer Gäste herzuziehen. Es ist mir in jeder Hinsicht bewusst, dass man dies als professioneller Gastronom nicht machen sollte – aber Leute, ich weiß doch ganz genau, was ihr hier lesen wollt, und da möchte ich euch selbstverständlich nicht enttäuschen.

Wie ihr euch vorstellen könnt, haben wir mit den Jahren die unterschiedlichsten und zum Teil buntesten Gäste in unserer *Villa de los Sueños* beherbergen dürfen, was uns fast ohne Ausnahme sehr viel Spaß gemacht hat. Vorsicht: Ich sagte, *fast* ohne Ausnahme!

Einer dieser wirklich wenigen Ausrutscher hat mich zur Kreation des folgenden Rezeptes inspiriert. Ihr müsst wissen, dass das Kochen für mich nicht nur bloße Herstellung bekömmlicher Nahrung verkörpert. Nein, vielmehr nutze ich die Arbeit am Herd als Ventil, um Gefühle wie Wut und Frust abzubauen, und es macht mir obendrein auch sehr viel Freude. Wie die Überschrift des aktuellen Kapitels bereits vermuten lässt, entstand das Rezept zur Hähnchenbrust in feuriger Erdnusssoße nicht, als ich vor Glück und Freude durch die Küche taumelte.

Das Unheil begann an einem sonnigen Tag im Juni des Jahres 2004:

Die Vögel zwitscherten in den Palmwipfeln, die Grillen zirpten leise im saftiggrünen Gras, unser spanischer Gärtner Carlos verrichtete fröhlich vor sich hin pfeifend sein Tagewerk (zur Freude unserer Gäste ohne T-Shirt, denn es war wirklich ein sehr sonniger Tag), als Friedhelm aus Darmstadt durch unsere Eingangstür marschierte.

Friedhelm, ein leicht übergewichtiges, blond gefärbtes Exemplar, welches die besten Jahre seines Körpers schon vor langer Zeit hinter sich gelassen hatte, versprühte gleich bei seiner Ankunft den Charme einer abgelaufenen *Maggi*-Tütensuppe.

Er begrüßte mich mit den Worten: „Es ist wirklich unerhört! Dieser Bauerntrampel von Taxifahrer ist gefahren wie eine gesengte Sau. Und diese Zirkusmusik im Radio hätte mich fast um den Verstand gebracht. Welcher normale Mensch hört sich denn bitte schön freiwillig so einen Dreck an? Ach, wo bin ich denn hier nur gelandet? Ich erwarte, dass man mir sofort mein Zimmer zeigt, und dann will ich erst einmal etwas essen!"

Geschockt von dieser wenig herzlichen Begrüßung, zeigte ich dem fluchenden Friedhelm sein Zimmer und machte mich schleunigst aus dem Staub.

ICH HÄTTE DEM KERL AM LIEBSTEN DEN HALS UMGEDREHT …

Weit kam ich jedoch nicht, denn schon nach wenigen Sekunden vernahm ich das hysterische Kreischen des neuen Gastes. In der Annahme, dass ihm irgendetwas Schmerzhaftes zugestoßen sei, schnappte ich mir mein schlecht sortiertes (aber sehr schickes) Erste-Hilfe-Köfferchen und rannte los, um gegebenenfalls den Notarzt zu rufen … doch … es war noch schlimmer, als ich erwartet hatte!

Kaum in seinem Zimmer angekommen, hatte Friedhelm seinen Nachbarn erblickt: einen gutaussehenden 32-jährigen Spanier namens Diego.

Der moppelige Friedhelm forderte mich auf, ihm sofort ein neues Zimmer zu geben, denn er sei schließlich nicht in unser schweineteures Hotel (so teuer war es dann auch wieder nicht) gekommen, um neben irgend so einem Spanockel (ich denke, er meinte damit einen spanischen Staatsbürger) zu wohnen. Zähneknirschend gab ich ihm unser letztes freies Zimmer, weit ab vom Schuss. Dies tat ich nicht zuletzt, um dem verdattert dreinblickenden Diego einen ungestörten Urlaub zu ermöglichen.

Kaum dort angekommen machte Friedhelm jedoch im gleichen Tempo weiter. Hier ein paar Auszüge:

- „Ich will euren Scheiß-Rioja nicht! Ich will einen schönen Spätburgunder zum Essen."
- „Das Zimmer ist ja hellblau gestrichen, habt ihr denn kein dunkelblaues für mich? Die Farbe ist ja wirklich zum Kotzen!"
- „Warum macht ihr denn euren Grillabend um 19:30 Uhr? Ich bin es gewohnt, um 17:00 Uhr zu Abend zu essen. Darüber müssen wir dringend noch einmal reden!"
- „In den erstklassigen Hotels, in denen ich für gewöhnlich verkehre, ist es üblich, dass der Oberkellner nach dem Essen mit einem Handwagen durch den Raum fährt, auf dem ein Angebot erlesener Weinbrände und anderer Digestifs präsentiert wird." (Wir hatten jedoch weder einen Trolly zur Hand, noch hatten wir vor, uns mit so einem Ding auf unserer Poolterrasse zum Affen zu machen.)
- usw.

Der Typ brachte mich mit seiner unausstehlichen Art fast zur Weißglut, was dazu führte, dass ich an einem besonders heftigen Abend nur noch zwei Möglichkeiten sah. Entweder dem Kerl meine Knie in die Kronjuwelen zu rammen oder in die Küche zu eilen, um ein neues Rezept zu kreieren.

Ich entschied mich (selbstverständlich) für die zweite Alternative, und so schnappte ich mir alle Lebensmittel, die nicht niet- und nagelfest waren, und legte los.

Das Ergebnis zauberte selbst Friedhelm ein zufriedenes Lächeln ins Gesicht, was mich zumindest für diesen Abend versöhnlich stimmte. Warm geworden bin ich mit dem Knaben trotzdem nicht, deshalb spendierte ich unseren Gästen ein paar Krüge meiner allseits beliebten Sangria, als er nach einer endlos langen Woche wieder in ein Taxi kletterte, das ihn mit voll aufgedrehtem Radio zurück zum Flughafen brachte.

Zutaten:

600 g Hähnchenbrust
1 Gemüsezwiebel
100 ml Weißwein
400 ml Geflügelbrühe
3 EL Tomatenmark
200 ml Erdnussbutter
200 ml Sahne
1 EL Soja-Soße
1 kleine Dose Ananas
(Ananas würfeln,
Saft zur Seite stellen)
3 Knoblauchzehen
Salz
Pfeffer
Curry
1 walnussgroßes Stück
frischer Ingwer, klein
gehackt
Paprikapulver, edelsüß
1 Msp. frisch geriebene
Muskatnuss
1 frische Chilischote,
gehackt
etwas Zucker
2 EL Olivenöl zum Braten

FRUST-HÄHNCHENBRUST IN FEURIGER ERDNUSSSOSSE

Zuerst das Hühnerfleisch klein schneiden und etwa 30 Minuten in der Soja-Soße einlegen.

Den Knoblauch und die Zwiebel würfeln und zusammen mit der Chilischote und dem Huhn im Olivenöl scharf anbraten. Nach etwa 7 Minuten kommt die in Würfel geschnittene Ananas mit in die Pfanne geben.

Ist dies vollbracht, dürft ihr zum Weinglas greifen und den Inhalt in die Pfanne gießen, um den Bodensatz abzulöschen.

Nachdem der Wein ein wenig eingekocht ist, gebt ihr den Ananassaft, die Milch, die Brühe und die Sahne hinzu und wartet bis alles köchelt. Währenddessen immer wieder umrühren, damit die Sahne und die Milch nicht flockig werden.

Als Nächstes gebt ihr die Erdnussbutter sowie das Tomatenmark in die Soße und rührt so lange in der Pfanne herum, bis die Erdnussbutter komplett geschmolzen ist. Hört auf zu meckern – die ständige Rührerei ist nicht nur notwendig, sondern auch verdammt gut für den Bizeps!

Der schwierigste Teil kommt nun: das Würzen, denn der interessante Geschmack der Ananas-Erdnusssoße kommt erst durch die Vielzahl der Gewürze zustande – hoffe ich zumindest.

Also ran an den Speck! Mit leichter Hand streut ihr etwas Salz, den Pfeffer, das Currypulver (ruhig ein bisschen mehr als sonst), den Ingwer, das Paprikapulver, die geriebene Muskatnuss (Vorsicht! Frisch gerieben schmeckt diese sehr intensiv.) und den Zucker in die Soße und lasst das Ganze noch einmal etwa 10 Minuten auf schwacher Flamme köcheln, bis die Soße eine leicht dickliche Konsistenz angenommen hat.

Ist der Pfanneninhalt braun, sämig und wohlriechend, könnt ihr den Herd ausschalten und euch auf die Schulter klopfen.

Reis und ein wenig Naan-Brot passen zu dieser Soße perfekt und runden das Geschmackserlebnis ab.

Hätte ich eitles Ding doch nur
die Brille aufgesetzt

Zum Durchatmen mussten wir
bei diesem Kerl in die Natur

Oliver musste auch ab und zu
ran an die Pfanne

GEMÜSE PAELLA À LA JUANITA

Ich bin keine dieser sonderbaren Trullas, die ein Problem mit lesbischen Frauen haben – ganz im Gegenteil.

Deshalb war ich durchaus angenehm angetan, als eines Tages Juanita vor der Türe stand, um ihre Dienste anzubieten.

Juanita, eine 140 Kilo schwere ehemalige Ziegenhirtin aus Andalusien, mit kurzgeschorenen blondierten Haaren und einem Hang zu übermäßigem Alkoholgenuss, hatte sich schon vor Jahren an der Costa Blanca als Kammerjägerin niedergelassen und verfolgte ihren Beruf mit großer Leidenschaft.

Sie stellte sich in akzentfreier deutscher Sprache mit den Worten „Hi, ich bin Juanita, die *Kakerlaken-Lesbe* von Benidorm!“ bei mir vor, und ich schloss sie vom ersten Moment an in mein Herz.

Sie erzählte mir bei einem dreifachen Brandy (es war wohlgemerkt erst elf Uhr am Vormittag), dass sie diversem Ungeziefer nicht nur mit der chemischen Keule, sondern gerne auch mit der bloßen Hand zu Leibe rücke, was sie mit einem donnernden Schlag auf unsere Tischplatte noch unterstrich. Sie wurde vom Fleck weg engagiert.

Seit diesem Tag kam Juanita, wie für Hotels vorgeschrieben, einmal pro Jahr zu uns, um dafür zu sorgen, dass unser kleines Hotel möglichst kakerlakenfrei blieb. Zu meiner großen Freude hatte sie bei jedem ihrer Besuche irgendeinen Knaller auf Lager.

An einem besonders denkwürdigen Nachmittag präsentierte sie mir ihre frisch verkleinerten Brüste (zwei zum Preis von einer, versteht sich), indem sie sich ihre Latzhose mit einem Ruck herunterriss und mich aufforderte, das Werk ihres Arztes mit den Händen zu begutachten (KREISCH!).

Unsicher fingerte ich ein wenig an ihren Quarktaschen, die auch nach dieser Schönheitsoperation noch von beachtlicher Größe waren, herum und versicherte mit vorgetäuschter Kennermiene, dass sie nun die schönsten Brüste habe, die ich jemals berühren durfte. Zum Glück musste ich nicht einmal lügen, denn es waren gleichzeitig auch die ersten.

Kurze Zeit später startete sie nach zwei großen Gläsern Brandy leicht schwankend und vor sich hin summend ihr Tagwerk.

Zu meiner großen Freude hatte sie eine besonders romantische Geschichte zu erzählen, denn sie hatte sich auf einem lesbischen Schützenfest (???) beim Paella-Wettkochen (von dort stammt auch das Rezept der Gemüsepaella) in eine junge Frau aus Amsterdam verliebt. Während sie also bewaffnet mit einigen Sprühflaschen, die den ungeliebten Schädlingen den Garaus bereiten sollten, durch unser Hotel torkelte, erzählte sie mir mit verklärtem Blick von ihrer neuesten Eroberung. „Uwe, ich glaube, dieses Mal hat es mich so richtig erwischt“, säuselte sie und erledigte nebenbei eine unschuldige Fliege, die der romantischen Geschichte anscheinend ebenfalls lauschen wollte. „Diese Marijke ist ein Rasseweib, so was hast du noch nicht gesehen. Weißt du, warum ich diese holländischen Frauen so erotisch finde?”, fragte sie mich mit lüsternem Blick.

EIN LESBISCHES SCHÜTZENFEST ... ERNSTHAFT?

„Weil sie so schöne blonde Haare und diesen niedlichen *Linda-de-Mol-Akzent* haben?“, tippte ich ins Blaue.

„Aber nicht doch“, antwortete Juanita und plauderte begeistert weiter aus dem lesbischen Nähkästchen. „Ich sage dir, diese Holländerinnen können saufen wie die Löcher. Mit denen kannst du so viel Spaß haben.“ Mit Schwung kippte Juanita ihren Weinbrand hinunter und stellte mir das Glas mit durstigem Blick vor die Nase. „Die scheinen das in der Grundschule schon als Pflichtfach auf dem Stundenplan zu haben.“

„Aber die sind doch sicher nicht alle so drauf?“, fragte ich kritisch, während ich Juanitas Glas großzügig auffüllte.

„Wenn ich es dir sage!“ *KLATSCH!* In diesem Moment musste die nächste Fliege ihre Neugier mit dem Leben bezahlen. „Erst vor ein paar Tagen war ich mit meiner Marijke und ihren holländischen Freundinnen auf ein paar Gläser im *La Mariposa.* Die haben ja dort zwischen 20:00 Uhr und 22:00 Uhr ihre berühmte Happy Hour, die wir an diesem Abend ausgiebig nutzen wollten.“ Etwas unkoordiniert, aber durchaus treffsicher wedelte Juanita mit einer ihrer Giftdosen herum, um den Fußboden großflächig einzusprühen, bevor sie sich von ihrem Mundschutz befreite und weiter berichtete. „Wir haben das auch alle ganz ordentlich hinbekommen, aber meine Marijke, die konnte gar nicht so schnell nachbestellen, wie sie das Zeug runtergekippt hat. Um Punkt 21:59 Uhr hat sie sich dann ihr letztes Bier geordert und sofort auf Ex vernichtet. Kurz darauf ist sie mitsamt dem Barhocker auf den Boden gekracht.“

DAS NENNE ICH MAL EINE HAPPY HOUR

„Ach du Scheiße! Ich hoffe doch, dass sie sich nicht verletzt hat?“, fragte ich besorgt, während ich nach meinem Wasserglas griff.

„Wo denkst du hin? Die Marijke ist schon ziemlich hart im Nehmen. Noch im Sturzflug war sie in der Lage, die spanische Nationalhymne fast fehlerfrei zu rülpsen.“

Bei der Vorstellung einer rülpsenden *Frau Antje* spuckte ich mein Wasser im hohen Bogen quer durch den Raum, was Juanita gar nicht zu bemerken schien. Mit glasigem Blick griff sie nach meiner Hand und schaute mir tief in die Augen. „O Gott, ich liebe diese Frau. Uwe, ich glaube, Marijke ist endlich der Mensch, mit dem ich alt werden will.“

Bevor Juanita an diesem Tag in ihr Auto stieg, um das nächste Hotel von Kakerlaken (oder wovon auch immer) zu befreien, versprach sie mir hoch und heilig, mir ihre niederländische Eroberung beim nächsten Besuch vorzustellen. Leider ist es dazu nie gekommen. Keine Angst, die gute Frau hat sich nicht den Hals gebrochen, während sie im Freiflug irgendeine Melodie zum Besten gab. Nein, stattdessen musste das Superweib aus den Niederlanden einer LKW-Fahrerin aus Madrid Platz machen, der Juanita eines Tages in einem Baumarkt (wo auch sonst?) über den Weg lief. Mit welchen Talenten sie unseren blondierten Kakerlaken-Schreck zu überzeugen wusste, habe ich zum Glück nie erfahren müssen …

Zutaten

400 g spanischer Rundkornreis
200 g TK Erbsen
2 rote Paprika, in Streifen
1 Gemüsezwiebel, gewürfelt
200 g flache grüne Bohnen
250 g Zucchini, gewürfelt
150 g Möhren, in dünne Streifen geschnitten
1 kleine Dose Gemüsemais
3 Knoblauchzehen, gehackt
1 TL mildes Paprikapulver
1-1 ½ l Gemüsebrühe
1 Lorbeerblatt
1 Döschen Safran (0,2g)
Salz
Pfeffer
Olivenöl

GEMÜSEPAELLA À LA JUANITA

Zuerst einmal müsst ihr versuchen euch eine Paellapfanne zu organisieren. Könnt ihr diese nicht auftreiben, ist es auch egal, denn Reis schmeckt aus jeder Pfanne gleich. Die Paella sieht in der Originalpfanne halt einfach authentischer aus und man erweckt den Eindruck, eine waschechte Cosmo-Polin zu sein.

Anschließend erhitzt ihr das Olivenöl, dünstet die Zwiebeln mit dem Knoblauch einige Minuten an und werft dann das Gemüse hinzu.

Nach weiteren fünf Minuten gebt ihr auch noch den Reis und die Gewürze (außer dem Lorbeerblatt) in die Pfanne und bratet alles noch einmal auf höchster Stufe unter ständigem Rühren gut an.

Nun füllt ihr alles mit der Hälfte der Brühe auf, gebt das Lorbeerblatt in den Reis und köchelt die Paella ca. 15–20 Minuten lang auf kleiner Stufe. Dabei solltet ihr immer wieder Brühe hinzugeben, wenn der Reis trocken erscheint.

Den Herd könnt ihr jetzt ausschalten, denn die letzten fünf Minuten muss die Paella abgedeckt ruhen, damit der Reis zu Ende garen kann und trotzdem Biss behält. Diese kleine Verschnaufpause eignet sich hervorragend, um ein nettes alkoholisches Getränk zu picheln. Zum Schluss fischt ihr das Lorbeerblatt heraus und schmeckt den Pfanneninhalt noch einmal mit Salz und Pfeffer ab – fertig ist die vegetarische Paella, mit der auch ihr bei jedem lesbischen Schützenfest den ersten Preis abstauben würdet … falls ihr euch jemals auf ein solches verlaufen solltet.

ALBONDIGAS
TWELVE
POINTS

Weil wir gerade so schön in Schwung sind, wollen wir uns in diesem Kapitel gleich an das nächste Nationalgericht heranwagen, nämlich an die sogenannten *Albondigas*. Zu gut Deutsch: Fleischbällchen in Paprika-Tomatensoße. Es handelt sich hier wahrscheinlich um die bekannteste spanische Spezialität, direkt nach der berühmten Paella. Unzählige Male zauberte ich in unserem Hotel diese Köstlichkeit am wichtigsten Tag des Jahres. Ich meine nicht Silvester, Ostermontag oder gar das *Let's-Dance*-Finale auf RTL. Nein, wir reden hier von einem Samstag im Mai, an dem der sogenannte Grand Prix ein jedes Tuntenherz Jahr für Jahr zum Überkochen bringt. Für den ungewissen Fall, dass ein heterosexuell veranlagter Mann diese Zeilen liest, sei Folgendes erklärt: Es ist hier nicht der Grand Prix mit den Schumacher-Jungs gemeint, sondern das Schlagerfestival, der *Grand Prix de la Chanson*, bei dem mehr oder weniger begabte Hupfdohlen aus ganz Europa in den buntesten Kostümen um die Sangeskrone aller Sangeskronen trällern. Dass die Beiträge zum Teil so unglaublich schlecht sind, dass ich es kaum in Worte fassen kann, gehört irgendwie zum Gesamtpaket dazu. Selbstverständlich wurde diesem Großereignis in unserer Villa der Träume jedes Jahr mit einer riesigen Party gehuldigt, und an einige dieser Abende erinnere ich mich noch heute, als wäre es erst gestern gewesen (was durchaus an meinem fortschreitenden Alter liegen könnte). Es war im Jahr 2001, als unsere Michelle

im schönen Kopenhagen um ihr Leben sang. (WEEEEER LIIIEEBÄÄÄ LEHEHEBT – den Schmachtsong habt ihr sicherlich schon einmal im Radio oder in einer dieser seltsamen Samstagabend-Chart-Shows gehört). An diesem denkwürdigen Tag hatten wir Gäste aus England (Großbritannien schickte einen pummeligen Teenager mit Zahnspange ins Rennen), aus Spanien (sensationell, diese sexy Ricky-Martin-Raubkopie), aus Frankreich (die Franzosen zitterten mit einer Celine-Dion-Imitation um die Wette), aus den USA (diese konnten nicht so ganz verstehen, warum die europäischen Trullas alle so hysterisch vor dem Fernseher hockten) und natürlich aus Deutschland (wie gesagt: dat Michelle) zu Gast. Anfänglich war selbstverständlich jede anwesende Tunte sicher, dass der Interpret des eigenen Landes das Rennen machen würde, und so wurden die meisten anderen konkurrierenden Beiträge aufs Bösartigste verrissen. Der homosexuelle Mann kann ja sowas von sarkastisch sein … einfach großartig! Es herrschte ein aufgeregtes Geplapper und Getratsche des fachkundigen Publikums, bis das spanische Leckerchen mit tiefbraunen Augen, sinnlichen Lippen und einem Hintern, so knusprig wie ein Vollkornbrötchen aus meiner Lieblingsbäckerei, die Bühne betrat. Mit dem Singen hatte der Knabe es jetzt nicht unbedingt, aber das war bei seinem unglaublichen Hüftschwung durchaus zu verschmerzen. Es wurde kurz still vor der Glotze, das eine oder andere gierige Schlucken war zu hören und dann stand der Sieger eindeutig fest. Bei allem Patriotismus segelte in diesem denkwürdigen Moment auch bei mir die gute Michelle im Sturzflug vom Siegerpodest. Unsere hauseigenen Stimmkarten (mit Extrapunkten für das heißeste Outfit und das schlimmste Make-up) wurden ausgefüllt und das Buffet mit Köstlichkeiten aus ganz Europa (es war schließlich das europäische Schlagerfestival) wurde gestürmt, denn alle nachfolgenden Darbietungen waren nun ohnehin chancenlos. Tja, so sind sie, die

Oliver genießt die Ruhe vor dem großen ESC-Sturm

Schwestern. Aber wenigstens haben sie einen erlesenen und äußerst professionellen Geschmack.

Die Enttäuschung war groß, als unser haushoher Favorit das Rennen doch nicht machte, und stattdessen zwei seltsame Hampelmänner aus Estland den Siegerpott mit nach Hause nehmen durften. Um die bedrückte Stimmung etwas aufzuheitern, setzte ich zum Trost unzählige Liter Sangria an, die dafür sorgten, dass nach einer angemessenen Trauerphase doch wieder „Ein bisschen Frieden" einkehrte und unsere nationenübergreifende Grand-Prix-Party zu einem vollen Erfolg wurde – HICKS.

Ein weiterer Sangesabend, den ich wohl so schnell nicht vergessen werde, war der 20. Mai im Jahre 2006. Die unterschiedlichsten Künstler versammelten sich im schönen Athen, um dort ganz Olympia-like gegeneinander anzutreten. Wieder waren es haufenweise bunte und zum Teil erschreckend geschmacklose Beiträge, die es auf der wild blinkenden Bühne zu bestaunen gab. Wie mittlerweile üblich, wurde von den dünnen Stimmchen und ungelenken Tanzeinlagen mit unzähligen Windmaschinen, Feuerwerken und anderem Klimbim abgelenkt. Alles in allem bekamen die Zuschauer also einmal mehr das, was sie vom ESC (so die Kurzform für den Eurovision Song Contest) erwarteten. Unsere alljährliche Party war in vollem Gange, und bei der Vielzahl der wirklich schlimmen Beiträge rechneten wir uns sogar ein paar Chancen für den doch eher mittelmäßigen deutschen Beitrag aus. Es wurde gegessen, getrunken, getratscht und noch mehr getrunken, bis … ja, bis die finnische Sangestruppe die Bühne betrat. Wie schon 2001 herrschte in unserer Villa der schwulen Träume mit einem Mal sprachlose Stille, doch war es diesmal kein gut gebauter Latino, der für ausreichend Speichelfluss sorgte, sondern eine furchteinflößende Ansammlung halb verwester Orks, die einen unerträglich lauten Hardrock-Song in die Mikrofone brüllte. In jeder Geisterbahn hätten die verkleideten Finnen sicherlich die ein oder andere Oma von den Füßen gehauen, doch was wollten sie auf dem heiligsten aller Wettbewerbe? Da wir dem Gegröle keine Chance auf einen der vorderen Plätze ausrechneten, wurde der finnische Auftritt offiziell zur allgemeinen Pinkelpause erklärt, die von den Anwesenden auch ausgiebig genutzt wurde. Doch wie groß war das

EIN DESASTER, EIN ABSOLUTES DESASTER!

Entsetzen, als wir gefühlte Stunden später gemeinsam mit unseren Gästen die Punktevergabe verfolgten. Twelve Points – Douze Points – Dodici Punti – Tolv Poäng – Twaalf Punten – es war zum Heulen.

Oliver, für gewöhnlich eher ein Vertreter der etwas ruhigeren Sorte, steigerte sich mit jedem Punkt, der sich auf den Weg in Richtung Finnland machte, dermaßen in den Wettbewerb hinein, dass ihr es euch kaum vorstellen könnt. Als mit der letzten Punktevergabe der Sieg der grölenden Monster nicht mehr aufzuhalten war, knallte meine bessere Hälfte mit der geballten Faust auf den Tisch und schwor beim Leben seiner Lieblingsgroßmutter (die zu diesem Zeitpunkt schon längst unter der Erde lag, aber das wussten unsere Gäste ja glücklicherweise nicht), dass er sich diesen *verdammten Scheißdreck* niemals wieder anschauen würde.

Es wird euch sicherlich nicht überraschen, dass wir auch im Jahr darauf gemeinsam vor der Glotze hockten, um den deutschen ESC-Beitrag anzufeuern, und ratet einmal, wer die Daumen am festesten gedrückt hielt …

Noch schnell ein paar ESC-
Stimmzettel ausdrucken

Benji war vom finnischen
Beitrag sichtlich begeistert

Lasst mich bloß mit dem
ESC-Mist in Ruhe!

Zutaten

600 g gemischtes Hackfleisch
60 g Paniermehl
3 Knoblauchzehen, gehackt
2 Eier
Mehl
2 Zwiebeln, gewürfelt
3 Paprikaschoten, gewürfelt
1 Dose Eiertomaten
2 EL Tomatenmark
gaaanz viel Rotwein
500 ml Brühe
Salz, Pfeffer, gemahlener Kümmel
Öl

ALBONDIGAS – TWELVE POINTS

Zuerst müsst ihr das Hackfleisch mit Paniermehl, Eiern, Salz, Pfeffer, Muskatnuss und etwas Knoblauch gut vermischen, um es dann mit flotten Fingern zu tischtennisballgroßen Kugeln zu formen.

Wahrscheinlich braucht ihr beim Anblick eurer mit Hackfleisch beschmierten Hände (der Exorzist lässt grüßen) nun ein Glas Rotwein – immer rein damit!

Als Nächstes werden die Hackbällchen in dem Mehl gewendet und zur Seite gelegt.

Die Zwiebeln und die Paprika werden jetzt in einem Topf glasig gedünstet, bis ihr die Fleischkugeln dazu fallen lasst und von jeder Seite scharf anbratet.

Alle Zutaten, die jetzt noch übrig sind, kommen dazu. Die Albondigas werden ca. 45 Minuten auf kleiner Flamme geköchelt (gelegentlich umrühren), um abschließend noch einmal abgeschmeckt und dann mit Reis oder Stangenweißbrot serviert zu werden.

Also dann GUTEN APPETIT oder wie der Spanier sagt: ¡QUE APROVECHE!

ENTMANNTES

(DA KOMPLETT EIERLOSES) TIRAMISU

Wie ihr mittlerweile gesehen bzw. gelesen habt, durften wir während der Zeit in Spanien eine ziemlich bunte Schar der verschiedensten Männer in unserem Hotel beherbergen. Stockschwul waren sie zwar alle, aber da hörten die Gemeinsamkeiten häufig auch schon auf. Interessanterweise waren es nicht selten die unterschiedlichsten Typen, die schon nach kürzester Zeit zu einer völlig homogenen Urlaubsgruppe zusammenwuchsen. Eine dieser Gruppen möchte ich euch unter gar keinen Umständen vorenthalten.

Es war im Oktober 2004, als unser Haus gut gefüllt war mit Gästen aus Wien, Nürnberg, St. Pölten, Amsterdam, Paris, Wuppertal, Köln, Barcelona und Madrid.

Von knackig-jung bis nicht mehr ganz so knackig waren die vielfältigsten Altersstufen vertreten. Alle möglichen und unmöglichen Haarfarben zierten die Köpfe der gut frisierten Anwesenden (kükenblond, braun, saufarben-gesträhnt, feuerrot, *L'Oréal*-Aubergine ...). Die Burschen stammten aus den verschiedensten Berufsgruppen (Friseur, Rechtsanwalt, Flugbegleiter, Student, Arzt, Kellner, Künstler, „Model“, um nur einige zu nennen).

Im normalen Leben hätten diese Leute außer ihrer Vorliebe für Kerle wohl nicht allzu viel gemeinsam gehabt, doch war unsere Villa so etwas wie ein neutrales Territorium und die Jungs hatten einen Heidenspaß zusammen. Jedes elementar wichtige Gesprächsthema wurde schnatternd durchgekaut: Männer, Madonna, Männer, Kochrezepte, Männer, Eiskunstlaufen, Männer, Golden Girls, Männer, Frisuren und natürlich noch mehr Männer.

Täglich um 14.00 Uhr traf sich die bunte Truppe auf unserer Hotelterrasse zu Kaffee und Kuchen und schien mit sich und der Welt zufrieden zu sein … doch dann kam James!

Dieses Prachtexemplar der männlichen Gattung reiste eines sonnigen Nachmittags aus London an und war so ziemlich das, was jedes durchschnittliche Tuntenherz zu dieser Zeit begehrte: hünenhaft gewachsen, geschorenes Haar, strahlend blaue Augen, volle Lippen, Brustmuskeln, die zum Verweilen einluden – um es in einem Wort zu sagen: LECHZ!

Es wurde totenstill, als das Taxi diesen Adonis ausspuckte. Das eben noch aufgeregte Gackern und Kreischen verstummte augenblicklich. Alle Augen ruhten gebannt auf dem 1,90 cm großen Körper. Hier und da fiel klirrend eine Kuchengabel zu Boden und die Anwesenden hatten in diesem Moment wohl ausnahmslos den gleichen Wunsch. Na, ihr wisst schon, wovon hier die Rede ist.

DIESEN FRISEUR AUS ST. PÖLTEN WERDE ICH NIEMALS VERGESSEN

Die darauffolgenden Tage waren an Situationskomik kaum zu überbieten, denn jeder versuchte sich nun so maskulin wie möglich zu geben, sobald der wunderschöne James auf der Bildfläche erschien, um seine Gunst zu erlangen.

Könnt ihr euch vorstellen, wie unglaublich komisch es aussah, als ein blond gesträhnter, mit der Figur einer Mozartkugel gesegneter, Friseur aus St. Pölten versuchte, Bruce Willis an Männlichkeit zu überbieten? Es war himmlisch!

Ein jeder versuchte auf seine Art Kontakt zu James zu knüpfen, doch alle verzweifelten Versuche blieben ohne Erfolg. James war einfach nur anwesend und ließ sich auffällig wortlos bewundern – sicherlich nicht, ohne dies zu genießen, bis zu unserem wöchentlichen Grillabend, der alles auf den Kopf stellen sollte.

Den ganzen Tag herrschte ein aufgeregtes Durcheinander. Es wurden die besten Aufreißer-Outfits aus den Schränken gekramt, die Haare stundenlang toupiert und zurechtgelegt, die ein oder andere Augenbraue gezupft, die Nägel manikürt … was man halt so macht, um attraktiv zu sein.

Normalerweise fingen unsere Grillabende am Pool nie pünktlich an, doch an diesem Abend sollte es anders sein. Um 19:30 Uhr Ortszeit saßen alle Gäste nervös am Tisch und es war sicher nicht der Hunger, sondern die Hoffnung, als James` Tischdame fungieren zu dürfen, die sie zu diesem pünktlichen Erscheinen getrieben hatte.

Kurz darauf erschien das Objekt der Begierde am Pool, bestellte ein Bier und setzte sich neben unsere spanischen Gäste Carlos (genannt Carlotta) und Juan (genannt Juanita), was mit hasserfüllten Blicken der übrigen Anwesenden quittiert wurde.

Die erste halbe Stunde verging und die angespannte Stimmung wurde schier unerträglich. Der wortkarge Engländer trank ein Bier nach dem anderen … und dann geschah das Unfassbare:

Juanita nahm all ihren Mut zusammen und fragte James nach seiner Heimatstadt. Ich vernahm einen erstickten Schrei von der anderen Seite des Tisches. Alle warteten gespannt auf die Antwort. Diese kam dann auch prompt. Mit einer dotterweichen Stimme, einem völlig tuntigen englischen Dialekt und mit verführerisch flattrigem Augenaufschlag hielt James einen Monolog über die homosexuellen Sehenswürdigkeiten seiner Heimatstadt London.

Die Fassade des Übermannes fiel schlagartig in sich zusammen und er begleitete seine Erzählungen gelegentlich mit einem hysterischen Kreischen, immer dann, wenn er einen Witz gerissen hatte. Es war einfach schockierend! Doch damit nicht genug, denn die anderen Gäste erfuhren zusätzlich, dass James nicht nur als Kosmetik-Fachberaterin in der Parfum-Abteilung von *Harrods* tätig war, sondern am Wochenende auch noch als 1,90cm großes Barbra-Streisand-Double durch Londons Vorort-Clubs tingelte, um das Geld für eine geplante Nasenkorrektur zu verdienen (wonach die Barbra-Imitation allerdings gelaufen sein dürfte).

So können die schönsten Träume platzen!

Es wurde nach dem ersten kollektiven Schock wider Erwarten dann doch noch ein sehr gemütlicher Abend und James wurde hochoffiziell in den Club der gackernden Hühner aufgenommen. So kam es, dass auch er am nächsten Tag kreischend und schnatternd mit allen anderen „Mädels“ am Pool saß und mein entmanntes Tiramisu genießen konnte.

Zutaten

200 g Philadelphia-Frischkäse
250 ml Sahne
30 g Zucker
2 EL Honig
4 EL Milch
2 EL starker Kaffee
1 EL Kaffeelikör
1 TL Weinbrand
Löffelbiskuit
Kakaopulver

ENTMANNTES (DA KOMPLETT EIERLOSES) TIRAMISU

Frischkäse, Zucker, Honig und Milch mit dem mittlerweile geübten Rührhändchen etwa zwei Minuten lang zu einer glatten Masse verarbeiten.

Als Nächstes die Sahne steif schlagen und unter die erste Mischung heben. Die nun entstandene Creme (ihr dürft ruhig einmal den Finger hineintauchen und naschen) sehr gut mit dem Mixer verrühren.

Ist der Finger abgeschleckt, kommt der Sprit ins Spiel, denn jetzt werden der Kaffee, der Weinbrand und der Kaffeelikör in einer kleinen Schüssel vermischt. Die Biskuits in die Flüssigkeit tunten … sorry, ich meine natürlich tunken, und den Boden einer Auflaufform damit auslegen.

Zum Abschluss die Frischkäsecreme auf den Keksen verteilen und das Kakaopulver durch ein Sieb über das fertige Tiramisu streuen. Auch wenn ihr am liebsten gleich losfuttern würdet, muss die Auflaufform für mindestens vier Stunden in den Kühlschrank.

RÄTSELHAFTE SANGRIA

ALAAF, HELAU und HALLO!

Immer, wenn die fünfte Jahreszeit anbricht, wird in meiner früheren Heimat Köln geschunkelt, gesungen und gesoffen, was das Zeug hält – hach, wie ich den Karneval doch liebe und vermisse! Und so führt uns die nächste Geschichte zurück zu unserem ersten Karnevalsfest unter spanischer Sonne.

Es war an einem friedlichen Vormittag im Februar, als unser Gast Stefan (so wie auch ich ein fanatischer Karnevalsfan) völlig aufgeregt und hysterisch zu mir kam.

Er hatte davon gehört, dass in der größten und beliebtesten Schwulenbar von Benidorm die sogenannte *noche de mujeres* (die Nacht der Frauen) stattfinden sollte.

Alle Tunten der Stadt seien auf den Beinen, um sich die letzten Stöckelschuhe in Größe 46 zu sichern, berichtete er völlig außer Atem.

Stundenlang redete Stefan auf mich ein und versuchte mich davon zu überzeugen, dass es eine der sieben Todsünden sei, diesem Spektakel nicht beizuwohnen.

Seine Überzeugungsarbeit dauerte Stunden: Wir debattierten, tranken ein Glas Wein, redeten, tranken noch ein Glas, warfen uns Argumente an den Kopf, nur noch ein Gläschen mehr … und plötzlich fand ich die Idee gar nicht mehr so dämlich, wie noch zu Beginn unserer Diskussion.

Um es kurz zu machen: Am nächsten Tag machte auch ich mich, gemeinsam mit Oliver und einigen Hotelgästen, in der Damenabteilung von *El Corte Inglés* (so etwas wie die spanische Version vom guten, alten *Kaufhof*) hochmotiviert auf die Suche nach BH, Stöckelschuhen, Mascara und Glitzerfummel. Ein besonderes Schnäppchen war meine Echthaarperücke im Iris-Berben-Look, zu der ich dem Händler eine günstige Ersatzperücke (Modell: in die Jahre gekommene Straßendirne) gratis abschwatzen konnte – man weiß ja nie, wofür es gut ist.

Nach einigen Kostümproben und sehr viel Gekicher war es dann endlich so weit: Die Nacht der „Frauen" war gekommen!

Schon am Nachmittag fingen wir an, uns in die buntesten Fummel zu quetschen und unsere Bartstoppeln unsichtbar zu machen (an dieser Stelle ein herzliches Dankeschön an meine ehemalige *Avon*-Beraterin), und das Ergebnis konnte sich durchaus sehen lassen.

Fertig aufgemotzt genehmigten wir uns noch ein kleines, stark alkoholhaltiges Erfrischungsgetränk und machten uns auf den Weg in das Benidormer Nachtleben.

O mein Gott ... Hoffentlich sieht niemand dieses Foto von mir!

Ein wenig unwohl fühlte ich mich ja schon in diesem Aufzug, doch tröstete mich der Gedanke, dass mich selbst meine Mutter nicht erkannt hätte (ein erneuter Dank an meine *Avon*-Beraterin), so verunstaltet, wie ich da auf meinen hohen Hacken über das Kopfsteinpflaster stöckelte.

Schon bald erreichten wir unser Ziel und standen nervös vor der Eingangstüre der von uns angesteuerten Schwulenbar mit dem Namen *La Paloma* (ihr wisst schon: dämlicher Name, olles Interieur).

Mit den Worten „Brust raus - Bauch rein" betraten wir gackernd den Club, fest davon überzeugt, unzählige verkleidete Homoletten vorzufinden, doch … waren wir die einzigen weit und breit, die sich an diesem Abend zum Affen machten!

So sah unser Zimmer nach dem denkwürdigen Abend aus

Giftig schaute ich in Stefans Richtung, dem genau wie mir alle Farbe aus dem geschminkten Gesicht gewichen war.

Der einzige Gedanke, der mich noch auf den nylonverpackten Beinen hielt, war, dass mich glücklicherweise niemand erkennen würde.

In diesem Moment verstummte jedoch die Musik. Amüsiert schauten die anwesenden Kerle in unsere Richtung, als der Wirt des Hauses mit einem süffisanten Grinsen die Damen der *Villa De Los Sueños* in seiner Bar willkommen hieß – oh, diese Schmach!

Sofort machte sich Stefan mit gesenktem Kopf auf den Weg, um eine Fünf-Liter-Kanne Sangria für uns zu bestellen, auf die keine Viertelstunde später die nächste folgen sollte.

ICH WÄRE AM LIEBSTEN IM ERDBODEN VERSUNKEN

Spätestens nach der vierten Kanne war dann alles gar nicht mehr so schlimm und wir standen schunkelnd und Sauflieder grölend zwischen ein paar muskulösen Spaniern, denen unser Outfit scheinbar besonders gut gefiel.

Wie wir in dieser Nacht zurück zum Hotel gekommen sind, weiß ich leider nicht mehr, aber einen unvergesslichen Abend hatten wir in jedem Fall.

Beim Ausräumen meiner Coco-Schanell-Handtasche (eine sehr praktische Erfindung im Übrigen, so eine Handtasche) fand ich am nächsten Morgen dann neben unzähligen Telefonnummern, die ich zugesteckt bekommen hatte, auch ein Rezept für eine original spanische Sangria.

Bis heute ist es mir ein Rätsel, wie dieses Rezept dort gelandet ist. Doch was soll es – Hauptsache es schmeckt!

In diesem Sinne, ihr Lieben: Feiert die Feste, wie sie fallen, denn das Leben ist viel zu kurz, um Trübsal zu blasen.

Zutaten

1 saurer Apfel (ihr wisst schon: bio und so)
1 Bio-Zitrone
1 Bio-Orange
1 kleines Glas Orangensaft
50 g Zucker
1 l Rotwein (kann ruhig irgendein billiger Fusel vom Wühltisch sein)
500 ml Mineralwasser
1 guter Schuss Orangenlikör

FÜR DEN EXTRA-WUMMS KÖNNT IHR ALLE MÖGLICHEN SÜSSEN SCHNÄPSE, DIE IHR IRGENDWANN EINMAL GESCHENKT BEKOMMEN HABT, AUCH NOCH MIT IN DIE SANGRIA KIPPEN.

RÄTSELHAFTE SANGRIA

Zuerst das Obst in Stücke schnippeln und in einen großen Krug werfen. Irgendeine bauchige, durchsichtige Blumenvase von Muttern tut es zur Not auch.

Die Liköre und den Zucker gebt ihr obenauf und vermischt alles vorsichtig, bevor ihr den Wein und das Wasser mit in den Krug gießt.

Zuletzt lasst ihr ein paar Eiswürfel in die Sangria plumpsen und serviert dieses spanische Nationalgetränk in großen Rotweingläsern.

Noch ein Tipp am Rande: Schneidet die Obststücke nicht zu klein, denn je nach Trinkfestigkeit könnten diese den Abfluss verstopfen.

„PROST", oder wie der Spanier sagt: „SALUD".

YES SIR, I CAN GULARSCH

Was wäre ein homosexuelles Kochbuch, ohne eine Story aus der Welt der Promis? Keine Angst, auch damit kann ich dienen!

Schreiten wir also in der Zeit zurück, bis wir den 13.08.2001 erreichen: Den Tag, an dem das spanische Gesangsduo Baccara ein Konzert in einer riesigen Schwulendisco in unserem damaligen Wohnort Benidorm geben sollte. BACCARA – allen Leserinnen und Lesern über 50 dürften die beiden flotten Spanierinnen wohl noch bekannt sein. Mit musikalischen Krachern wie *Sorry I´m a lady* und *Yes Sir, I can boogie* brachten sie vor vielen Jahren Schwung in jeden noch so angestaubten Partykeller. Ach, was waren das für schöne Zeiten. Die BACCARA-Mädels waren so etwas wie die Idole meiner (leider schon seeehr lange zurückliegenden) Jugend und ich höre ihre Songs noch heute regelmäßig. Vorzugsweise, während ich in Unterwäsche und mit dem Staubwedel bewaffnet trällernderweise durch das Haus hüpfe. Doch ich schweife ab, also schaltet das Kopfkino aus und lest die nächsten Zeilen!

Am 13.08.2001 sollten die beiden Damen, wie bereits erwähnt, im berüchtigten *LA CUCARACHA* ein Konzert geben … und wohnen wollten sie im schönsten Hotel der Stadt.

Ich muss sicherlich nicht extra erwähnen, dass die Wahl schnell getroffen war. Und so fragten sie an, ob wir als reines

Schwulengästehaus, einmalig eine Ausnahme machen und BACCARA ein Zimmer zur Verfügung stellen würden.

Was soll ich sagen? Ich war stumm vor Glück … doch ein Blick in unseren Reservierungskalender gab mir meine Stimme schlagartig zurück, oder eher gesagt: Ich kreischte das ganze Haus zusammen, denn wir waren bis auf die letzte Besucherritze ausgebucht! In diesem Moment begann ich zu erahnen, was die Menschen meinten, wenn sie von einem Schicksalsschlag sprachen.

DAS DARF DOCH WOHL NICHT WAHR SEIN!

So verstrich ein Tag nach dem anderen und ich hatte schon sämtlichen Lebensmut verloren, als pünktlich am 13.08.2001 ein völlig verheulter Gast vor mir stand. Es war der ansehnliche Rob aus Rotterdam.

Wie süß, so ein Mitgefühl!, dachte ich gerührt und wollte Rob voller Dank an meine Brust drücken, als es aus ihm herausbrach. Er hatte sich ganz fürchterlich mit seinem Freund Tom gestritten und die beiden wollten auf der Stelle abreisen. Völlig verheult versicherte mir Rob, dass er es mit diesem *Vuile Klootzak* (auf Deutsch wohl so etwas wie ein dreckiger Schweinehund) keine Minute länger unter einem Dach aushalten könne. Das war meine Chance! Bevor es sich die beiden Streithennen am Ende noch anders überlegten, kümmerte ich mich um ihren Rückflug ins Land der tausend Tulpen. Und so wurde kurzerhand doch noch ein Zimmer frei für die Mütter, oder sollte ich sagen für die Göttinnen, der Pop-Musik.

Kaum war Rob im Zimmer verschwunden, wo der *Vuile Klootzak* bereits wütend die Koffer packte, klemmte ich mich ans Handy und versuchte Maria (so der Name der einen BACCARA-Hälfte) irgendwie zu erreichen, doch hatte sie ihr Telefon ausgeschaltet. Meine Nerven drohten zu zerreißen, doch ließ ich nicht locker und wählte mir die zitternden Finger wund.

Nach gefühlten Stunden erwischte ich sie am Flughafen von Madrid, wo sie mit Marisa (ihr habt sicher schon erraten, dass es sich hierbei um die zweite BACCARA-Hälfte handelte) am Kofferband auf ihr Gepäck wartete. Sie war mehr als glücklich zu hören, dass sie jetzt doch bei uns nächtigen würden, denn sie hatte schon sehr viel Gutes über unsere Villa der lauwarmen Träume gehört.

Das war also geschafft! Erleichtert beendete ich das Gespräch und schnaufte einmal tief durch, doch der schwierigste Teil sollte noch folgen – wir mussten unsere Gäste auf den Staatsbesuch vorbereiten:

1. Alle verfügbaren BACCARA-CDs wurden hervorgekramt und beschallten umgehend den kompletten Pool- und Gartenbereich.
2. Die Liedertexte wurden zum Mitsingen kopiert und großzügig verteilt.
3. Bild- und Anschauungsmaterial musste beschafft werden, denn unsere jüngeren Gäste hatten bis dato keine Ahnung, um wen oder was es sich bei diesem BACCARA überhaupt handelte. Diese ignoranten jungen Hüpfer aber auch! Glücklicherweise fand ich im Keller meinen riesigen BACCARA-Fankarton mit Fotos, Autogrammkarten und dem guterhaltenen Bravo-Starschnitt, der nun äußerst hilfreich war.
4. Last but not least: Ein spektakuläres Abendessen musste von mir geplant und gezaubert werden … Doch was um Himmels willen sollte ich den beiden Göttinnen anbieten?

Ein weiteres Mal klemmte ich mich ans Handy und erwischte Marisa, die gegen eine laute Soundkulisse anbrüllte. Die beiden waren mittlerweile in der Disco angekommen und befanden sich im Soundcheck.

Auf meine Frage, was sie sich denn wohl zum Abendessen von mir wünschten, sagte sie wie aus der Pistole geschossen: SCHWEINENGULARSCH! Erwähnte ich bereits, dass die beiden der deutschen Sprache *fast* fehlerfrei mächtig waren?

In der internationalen Küche fühlte ich mich zwar schon fast wie zu Hause, doch Schweinegulasch hatte ich bis zu diesem Tag noch nie gekocht. So telefonierte ich mit sämtlichen Tanten und Großtanten (ihr erinnert euch an meine Erbtante Gertrud aus Remscheid-Lüttringhausen?), deren Telefonnummern mir spontan in die

Oliver hat die Paprikaschoten etwas umfunktioniert

Finger fielen, und sammelte alle möglichen Tipps, um ein deftiges Gulasch zubereiten zu können.

Nachdem das Abendessen vorbereitet war und im Topf leise vor sich hin köchelte, widmete ich mich wieder unseren Gästen, die mittlerweile dem Anlass entsprechend aufgedonnert am Pool saßen und leicht angetrunken zum Takt der Musik hin und her schaukelten, während sie auf die Ankunft der beiden Grazien warteten.

Um 20:00 Uhr war es dann so weit! Ein riesengroßer, schwarzer Mercedes erschien in unsere Auffahrt. Die Türen öffneten sich, ein schwarzer Pumps bohrte sich in den Kies, der den Boden bedeckte, und ich hielt gebannt die Luft an. Unter dem johlendem Beifall von knapp 20 angesoffenen Tucken entstiegen BACCARA der Luxuskarosse … und ich kippte ohnmächtig in den nächstbesten Oleanderstrauch. Nachdem ich mich kurz darauf ein wenig gefangen und meine derangierte Frisur gerichtet hatte, zeigte ich den beiden das Haus und führte sie an den gedeckten Tisch, an dem sie sich für ihren großen Auftritt mit einer deftigen Portion Schweinegulasch stärken sollten, was sie dann auch dankbar taten.

SOLLTE MEIN TRAUM ETWA DOCH NOCH IN ERFÜLLUNG GEHEN?

Nach dem Essen gesellten sie sich mit einem Glas Champagner zu den anderen Gästen und gaben einige deutsche Witze zum Besten, bevor sie wieder in den Luxusschlitten stiegen, der sie zu der Disco brachte.

Das Konzert wurde ein Riesenerfolg und BACCARA eroberte an diesem Abend unzählige schwule Herzen im Sturm.

PS: Das Gularsch war toll!

KEINE FOTOS BITTE!

Dieser niedliche Fan wollte BACCARA auch live erleben

Noch schnell ein bisschen Fleisch beim Metzger besorgen

Zutaten

700 g Schweinegulasch
3 Gemüsezwiebeln
Knoblauch nach Geschmack
500 ml Brühe
1 Dose gehackte Tomaten
2 Paprikaschoten
1 ½ EL Paprikapulver, edelsüß
1 ½ TL Kümmel
2 EL Tomatenmark
1 TL abgeriebene Zitronenschale (nicht vergessen – bio)
einige Spritzer Tabasco
Salz
Pfeffer
kalt gepresstes Olivenöl

WENN IHR EINE GEMÜSEBRÜHE NEHMT, IST DAS GULASCH SOGAR FAST VEGETARISCH … BEHAUPTET ZUMINDEST MEINE TANTE GERTRUD

SCHWEINEGULARSCH

Zuerst die Zwiebeln mit einem scharfen Messer in dünne Ringe schneiden, was euch wahrscheinlich genauso zum Heulen bringen wird, wie die Trennung von unserem Florian Silbereisen und seiner Helene. Die Zwiebeln dünstet ihr mit dem in kleine Stücke gehackten Knoblauch so lange im Olivenöl, bis alles schön glasig geworden ist.

Nach etwa 10 Minuten (solange werden die Zwiebeln und der Knoblauch wohl benötigen), nehmt ihr die Mischung aus dem Topf und gebt das Fleisch hinein, um es rundherum karamellbraun anzubraten.

Ist dies vollbracht, wandert die Zwiebelmischung zurück in den Topf. Zusammen mit dem Paprikapulver, dem Tomatenmark und dem Kümmel wird das Gulasch noch einmal kurz geschmort und dann mit der Brühe und den Tomaten aus der Dose abgelöscht, dass es nur so zischt.

Nun habt ihr etwa 40 Minuten Zeit, um die Paprika in Streifen zu schneiden und Däumchen zu drehen, denn diese Zeit benötigt das Fleisch, um auf schwacher Hitze geschmort zu werden. Wir wollen schließlich, dass das Fleisch schön zart wird und ihr euch nicht die Zähne daran ausbeißt.

Zum Abschluss die Paprikastreifen in den Topf geben und weitere 25 Minuten auf kleiner Flamme weiterköcheln lassen. Sollte das Fleisch noch nicht weich genug sein, die Kochzeit einfach noch etwas verlängern.

GEMÜSE LASAGNE
MIL VERDURAS

Wer mich kennt, der weiß, wie gerne ich mich auch den verschiedensten fleischlosen Genüssen hingebe ... doch das war nicht immer so.

Zu meiner Zeit in der spanischen Tuntenküche war ich noch ein bekennender Fleischfresser. So war es für mich nicht ganz einfach, Gäste zu bewirten, die sich rein vegetarisch ernährten, was zu dieser Zeit ja nun auch irgendwie ziemlich exotisch war. Aus der Gewohnheit heraus benutzte ich viele Lebensmittel, die jedem Öko (jetzt schaut nicht so entrüstet! Das waren völlig andere Zeiten – damals durfte man die noch so nennen) die Farbe aus dem Gesicht getrieben hätte. Fleischbrühe, Gelatine, Speckwürfel für den deftigen Geschmack ... und jede Menge FLEISCH!

Tja, wie ihr sicher aus den bisherigen Kapiteln herausgelesen habt, lag mir das Wohl unserer Gäste stets sehr am Herzen, weshalb ich grundsätzlich versuchte, jeden (kulinarischen) Wunsch zu erfüllen. Auch die Wünsche unserer vegetarischen Öko-Burschen.

Gleich zwei solcher Exemplare schneiten uns im März des Jahres 2003 ins Haus: Johannes und Daniel, ein sympathisches junges Paar mit einer besonderen Vorliebe für gebatikte T-Shirts. Fliederfarben, türkis und weinrot – ich sehe die schrecklichen Dinger vor mir, als wäre es gestern gewesen. Die beiden hatten zwei Wochen Sonne und Erholung pur bei uns gebucht, was sie bei ihrer bleichen Haut mehr als gut gebrauchen konnten. Johannes war Geschäftsführer eines Reformhauses in Berlin-Kreuzberg, Daniel wiederum verdiente seine wurstlosen Brötchen als Buchbinder in Charlottenburg.

Ich erstellte ein vegetarisches Menü für die Dauer ihres Aufenthaltes und wunderte mich einmal mehr über die Flexibilität, zu der ich in meiner Küche mittlerweile fähig war.

Die ersten drei Tage vergingen ohne nennenswerte Vorkommnisse, außer der Tatsache, dass Daniel es liebte, nur mit seiner Taucherbrille bekleidet im Whirlpool zu sitzen, um dort Reinhard-May-Melodien vor sich hin zu singen; wohingegen Johannes (seinen mageren, bleichen Körper stets nur in einen naturfarbenen Body gehüllt) stundenlang durch unseren blühenden Garten spazierte, um sich mit den Pflanzen zu unterhalten.

An Tag vier jedoch kam Daniel in aller Herrgottsfrühe zu mir in die Küche und hatte eine Bitte, die mich zum Schmunzeln brachte.

Er war heimlich aus dem Zimmer geschlichen, weil er Heißhunger auf ein Leberwurstbrötchen verspürte und unter gar keinen Umständen wollte, dass sein Freund diesen Verrat mitbekam.

Kopfschüttelnd erfüllte ich ihm seinen Wunsch, woraufhin Daniel das Brötchen gierig verschlang. Er brauchte keine sechs Sekunden dafür – so etwas habt ihr noch nicht gesehen! Nach dieser Mini-Fressorgie versprach ich Daniel, so diskret wie ein Tampon zu sein, bevor er zurück in das Veggie-Zimmer schlich.

Zum Glück haben wir bei der Batik-Phase nicht mitgemacht

Tag fünf bis sieben verstrichen, und auch Tag acht schien keine größeren Skandale hervorzubringen, als ich mich entschloss, zur Mittagszeit einen kleinen Spaziergang mit meinem Hund Benji zu unternehmen.

Ich weiß nicht genau warum (nennt es meinetwegen Fügung des Schicksals), doch führte mich mein Weg hin zur Stätte der absoluten Fleischeslust. Ich passierte die Terrasse eines *Burger-King*-Restaurants!

Das, was ich dort mit ansehen musste, ließ mir das Blut in den Adern gefrieren: Johannes saß allein an einem Vierertisch und stopfte sich laut schmatzend das Family-Menü der Woche hinein, inklusive Dreifach-Whopper-Hopper-Hamburger mit der Extraportion Fleisch … oder was auch immer die da auf das Brot legen.

Als er mich erblickte, wie ich nach Luft ringend auf der Straße stand, wäre er fast an einem Stück Whopper-Hopper erstickt, welches sich gerade auf dem Weg in Richtung Speiseröhre befand.

UM EIN HAAR WÄRE MIR DER ARME BURSCHE ERSTICKT

Unter Tränen gestand mir Johannes, dass er dieses Verlangen nach Fleisch schon seit Monaten verspüre, doch unfähig sei, sich vor seinem heißgeliebten Daniel zu outen.

Mit einem Augenzwinkern gab ich ihm den Rat, mit seinem Freund ein offenes Gespräch zu führen, nicht zuletzt, um sich selbst zu helfen. Wozu hatte ich schließlich vier Semester Psychologie studiert?

Um es kurz zu machen: Von diesem Tag an aßen die beiden, was bei uns auf den Tisch kam, auch die nicht ganz fleischlosen Gerichte – und sie liebten es.

Das folgende Rezept jedoch stammt noch aus der rein vegetarischen Phase ihres Aufenthaltes bei uns.

Zutaten

12 Lasagne-Nudelblätter ohne Vorkochen
2–3 Zwiebeln, gewürfelt
5 Möhren, in Scheiben geschnitten
300 g Broccoli, zerkleinert
1 Tasse TK-Erbsen
1 rote Paprika, in dünne Streifen geschnitten
1 grüne Paprika, in dünne Streifen geschnitten
200 ml Gemüsebrühe
200 ml Sahne
1 kleines Glas Weißwein
2 Knoblauchzehen
Öl zum Braten
200 g geriebener Käse
Pfeffer und Salz
1 EL Paprikapulver, edelsüß

GEMÜSELASAGNE MIL VERDURAS

Zunächst müssen die Möhren, der Broccoli und die Erbsen etwa fünf Minuten im Kochtopf bei mittlerer Hitze vorgegart werden, denn ihr wollt ja nicht wie ein paar Kaninchen auf dem rohen Gemüsezeug herumknabbern.

Nun das Öl in einer Pfanne erhitzen und darin die Zwiebeln, den Knoblauch und die Paprika so lange dünsten, bis das Gemisch glasig ist, und dann den Satz mit dem Weißwein vom Pfannenboden ablöschen.

Als Nächstes gebt ihr die Brühe und die Sahne hinzu und lasst alles unter Rühren gut einkochen, bis die Flüssigkeit eine leicht sämige Konsistenz hat. Das vorgegarte Gemüse wandert danach in die Pfanne und wird noch einmal für zwei bis drei Minuten mitgeköchelt, während ihr mit leichter Hand Salz, Pfeffer und das Paprikapulver einstreut.

Nachdem ihr den Pfanneninhalt auf seine Bekömmlichkeit getestet habt, nehmt ihr mit einem Löffel ein wenig Flüssigkeit ab und streicht mit dieser den Boden einer Auflaufform aus. Darauf legt ihr eine Lage Lasagneplatten, bedeckt diese mit der Hälfte des Gemüses und streut ein wenig Käse oben auf. Eine weitere Nudelschicht folgt und wird ebenfalls mit dem Gemüse und abschließend mit dem übrigen Käse bedeckt.

Die Lasagne wandert bei ca. 175 °C für 50–60 Minuten in den Backofen und stellt danach den Höhepunkt eines fleischlosen Menüs an eurem Esstisch dar.

TUNTIGE ORANGEN WAFFELN

Eigentlich wollte ich ja als deutscher Bub, der ich nun einmal bin, an dieser Stelle etwas zur aktuell laufenden Fußball-Bundesliga niederschreiben, damit auch die wenigen heterosexuell veranlagten Männer, die möglicherweise gerade völlig fassungslos in diesem Buch herumblättern, zu ihrem Recht kommen. Aber ganz ehrlich: Tunten und Fußball – das passt irgendwie so gar nicht zusammen. Obwohl ich meinem Vater (der Herr habe ihn selig) mit ein paar Fachsimpeleien zu Lewandowski, Boateng, Hummels und wie sie alle heißen sicherlich eine Riesenfreude gemacht hätte. Stellt euch vor, ich wurde von ihm sogar nach dem Fußballgott Uwe Seeler benannt. Ausgerechnet ich, dem Mutters Handtasche schon als Kind tausendmal lieber war als jedes runde Sportutensil. Wenn das mal kein schlechter Scherz ist! Ein weiteres Kapitel über den Eurovision Song Contest, um meiner Erbtante Gertud eine Freude zu machen, scheint mir aktuell auch nicht sehr ergiebig zu sein. Habt Ihr gesehen, wer da beim letzten Mal gewonnen hat? Dieser Beitrag war einfach nur schrecklich! Und was die Deutschen da wieder ins Rennen geschickt haben! Ja, gibt es denn niemanden in diesem Land, der singen kann und dann auch noch ein bisschen ordentlich angezogen ist, so wie sich das im Ausland gehört? Also werde ich einmal mehr über meinen Alltag im Tuntenhotel philosophieren, in der Hoffnung, dass ich euch mit meinen Geschichten noch nicht allzu sehr langweile.

Wie in den meisten Hotels üblich, begann auch in unserer Villa jeder Tag mit einem reichhaltigen Frühstücksbuffet. Schwups … und schon haben wir das nächste Thema gefunden: die internationalen Frühstücksgewohnheiten des homosexuellen Mannes!

Es war Morgen für Morgen höchst interessant, zu beobachten, welche Frühstücksrituale die einzelnen Gäste aus ihrer Heimat mitzubringen pflegten. Abendfüllende Vorträge hätte ich zu diesem Thema an der Volkshochschule halten können. Die spanischen Gäste zum Beispiel mussten zum Frühstück eine Tomate und Olivenöl auf dem Teller haben, sonst wären sie nicht glücklich gewesen. Begleitet wurde ihre erste Mahlzeit des Tages von irgendetwas, das Lärm macht. Musik, Fernseher, laute Gespräche, Explosionen … oder am besten alles auf einmal. Der allgemeingültige Leitsatz des Spaniers scheint zu heißen: Wenn es nicht laut ist, dann taugt es nichts oder es ist für die Deutschen!

Wesentlich ruhiger hingegen lief ein durchschnittliches Frühstück des homosexuellen, in der Regel schon zu dieser Zeit gut frisierten und reichlich parfümierten Franzosen ab. Die meisten der handelsüblichen Franzosen, die in unserem Etablissement abzusteigen pflegten, schienen eine natürliche Abneigung gegen ausreichendes Geschirr und einen ordentlichen Frühstücksplatz zu haben. Nicht selten lief ihr Frühstück folgendermaßen ab: Man nehme einen Kaffee mit Milch (am besten in einer riesigen, zweckentfremdeten Schüssel), ein Baguette und ein Croissant, gieße einen guten Schluck des Kaffees quer über den ganzen Tisch, stecke eine Stange Dynamit in das Croissant und jage dieses in die Luft. Anschließend genieße man sein Frühstück, mit verklärtem Blick und ein paar Chansons vor sich hin summend, in der Sonne. Den mit Brotbröckchen übersäten Tisch, an dem

Ob ich da wohl irgendetwas vergessen habe?

ein französischer Gast gefrühstückt hatte, erkannte ich blind unter hundert anderen Tischen. Glaubt mir, ich hätte mit der Nummer bei *Wetten, dass …?* durchaus gute Chancen gehabt.

Hatten wir italienische Gäste im Haus, so herrschte an deren Frühstückstisch häufig schon kurz nach der ersten Semmel eine Stimmung wie beim Karneval in Venedig. Es wurde gelacht, gesungen, geklatscht und zwischendurch sogar eine flotte Tarantella (es handelt sich hierbei um einen schwungvollen, süditalienischen Tanz) aufs Frühstücksparkett gelegt. Glaubt mir, Leute, von den Südländern können wir Deutschen uns so einiges abschauen.

WAS SIND WIR DEUTSCHEN DOCH FÜR EIN LAHMER HAUFEN

Eine mir völlig unverständliche Marotte legten nationenübergreifend die Gäste an den Tag, die sich den Frühstücksteller völlig wahllos mit allem, was ihnen in die Finger kam, beluden, um dann am Ende doch höchstens ein Drittel ihrer Ausbeute zu verspeisen. Dies kam überraschenderweise recht häufig vor und ich beobachte diese Unart auch heute noch, wenn ich denn selbst in einem Hotel frühstücken darf.

Es gab jedoch auch einige sehr nette und süße Angewohnheiten am frühen Morgen, die ich in unserer Villa miterleben konnte. Ich denke da zum Beispiel an Sepp und Xaver aus Ramsau, die schon seit unzähligen Jahren ein Paar waren. Sie zelebrierten ihr gemeinsames Frühstück jeden Morgen aufs Neue so, als hätten sie sich gerade erst kennengelernt. Sepp deckte den Tisch und versorgte seinen Xaver mit allem, was sein Herz begehrte. Xaver hingegen schmierte seinem Sepp die Brötchen und legte sie ihm garniert mit einer Gurkenscheibe und einem verliebten Lächeln auf den Teller, wofür er mit einem schüchternen Kuss auf die Wange belohnt wurde – sie waren einfach nur allerliebst, die beiden. Seit vielen Jahren schon versuche ich den lieben Oliver auch ein wenig in diese Richtung zu erziehen, aber irgendwie habe ich den Dreh bis heute noch nicht so richtig herausbekommen und muss mir meine Stullen nach wie vor selber schmieren. Mit den tuntigen Orangenwaffeln, die ihr unbedingt auch einmal probieren solltet, habe ich mich in viele Gästeherzen hineinbacken können. Es ist nicht unbedingt das gesündeste Frühstücks-Backwerk, schmeckt aber trotzdem (oder gerade deshalb) himmlisch.

Zutaten

125 g Butter
125 g Zucker
250 g Mehl
3 Eier (Größe M)
1 Päckchen Backpulver
2 Päckchen Vanillezucker
1 Prise Salz
100 ml Orangensaft
200 ml kohlensäurehaltiges Mineralwasser
abgeriebene Schale einer Bio-Orange

TUNTIGE ORANGENWAFFELN

Zuerst rührt ihr die Butter und den Zucker mit dem Schneebesen schaumig (denkt an euren Bizeps, Mädels), was durchaus ein paar Minuten in Anspruch nehmen kann. Ihr dürft auch gerne den Elektromixer zu Hilfe nehmen – ist aber nur der halbe Spaß.

Ist dies vollbracht, macht ein paar Lockerungsübungen für die verkrampften Oberarme und gebt dann alle übrigen Zutaten unter ständigem Rühren mit in die Schüssel, bis ein glatter Teig entstanden ist. Sollte euch die Masse an eine Portion zähen Kinderbrei erinnern, dürft ihr gerne noch ein wenig Mineralwasser hinzufügen.

Mit der guten alten Schöpfkelle nun den Teig portionsweise in ein gefettetes Waffeleisen geben und die köstlichen Dinger goldbraun ausbacken.

Ihr fragt euch jetzt sicherlich, was die Orangenwaffeln zu tuntigen Orangenwaffeln macht. Ganz ehrlich: Überhaupt nichts – es hört sich einfach nur so nett an.

CHINAMERICAN STYLE CHEESECAKE

Wie ihr im vorherigen Kapitel lesen konntet, scheitere ich nach wie vor daran, den Mann an meiner Seite ordentlich zu erziehen – geheiratet habe ich ihn trotzdem irgendwann. Ich lernte Oliver an einem Samstagabend im März 1992 (jetzt hört schon auf nachzurechnen!) nach mehreren Anläufen in einer ziemlich üblen Tunten-Spelunke in der Stadt Wuppertal kennen. Die zahlreichen Anläufe benötigten wir, denn immer, wenn wir uns über den Weg liefen, war einer von uns beiden bereits vergeben und hatte irgendein heißblütiges Bürschchen an seiner Seite. Als wir uns dann an jenem besagten Abend begegneten, ausnahmsweise einmal frei und ungebunden, machte es einen Riesenknall und es war um uns beide geschehen. Soweit die Kurzfassung unserer Liebesgeschichte. Unsere gemeinsamen Jahre in Spanien sollten nicht nur genügend Stoff für dieses Kochbuch hergeben, sondern hielten auch eine riesige gesellschaftspolitische Überraschung für uns bereit. Am 30.06.2005 beschloss nämlich das spanische Parlament mit einer deutlichen Mehrheit, die sogenannte Homo-Ehe zu legalisieren.

Damit setzte Spanien, nach Holland und Belgien, als dritter Staat in Europa dieses wichtige und längst überfällige Zeichen für Toleranz und Gleichberechtigung. Deutschland hat sich leider noch einige Jahre länger geziert, bis zum 01.10.2017, um genau zu sein, was mich noch heute sehr nachdenklich stimmt. Es war schon eine ziemliche Sensation, dass sich ausgerechnet das erzkatholische Spanien, wo schon immer die Mama, der Papst und die Familie das höchste Gut auf Erden waren, wesentlich toleranter und weltoffener zeigte als viele andere Staaten, die sich selbst gerne als modern und überaus fortschrittlich bezeichnen. Während ich diese Zeilen schreibe, ist die Zahl in Europa immerhin schon auf 13 Nationen angewachsen (weltweit sind es 20 Staaten, in denen wir als komplett gleichberechtigt angesehen werden), und ich hoffe inständig, dass in Zukunft noch viele andere Länder Spaniens großartigem Beispiel folgen werden.

Als das Gesetz zur Homo-Ehe verabschiedet wurde, stürmten Oliver und ich noch am selben Tag, motiviert bis in die blondierten Haarspitzen, das Rathaus, um einen Termin für unsere Trauung zu vereinbaren. Wie einfach hatten wir uns das in unserer jugendlichen Naivität doch vorgestellt …

Die erste Hürde war der wochenlange Papierkrieg, den wir als Ausländer zu bewältigen hatten, denn alles musste in fünffacher Kopie zehnfach beglaubigt und danach zwanzigfach hin und her geschickt werden. Doch dies sollte erst der Anfang sein. Das nächste – und seien wir mal ehrlich, noch viel wichtigere – Problem ergab sich aus der Frage: „WAS ZUM TEUFEL ZIEHEN WIR AN???"

Jetzt wird geheiratet

Man(n) heiratet ja schließlich, wenn es gut läuft, nur zwei- bis dreimal im Leben.

Wir rannten von Pontius zu Pilatus (also von ZARA zu *EL CORTE INGLÉS* – was anderes in unserer Preisklasse gab es an der spanischen Küste seinerzeit nicht), um uns gleich mehrere entsprechende Hochzeitsoutfits zuzulegen. Wir wollten schließlich flexibel sein. Als die Kreditkarten leergefegt waren, hatten wir noch eine schwierige Aufgabe zu bewältigen ... die Zusammenstellung der Gästeliste. Ursprünglich sollten es ja nur ein paar ganz enge Freunde sein, mit denen wir diesen Tag verbringen wollten, doch dann schaltete sich die liebe Familie ein:

Wie könnt ihr nur daran denken zu heiraten, ohne Tante Herta und Onkel Friedhelm einzuladen? Die hatten dich doch als kleinen Bub immer sooo gerne um sich. Und außerdem gibt es da bestimmt ein fettes Geschenk, die haben doch selbst keine Kinder und mitnehmen können sie die ganze Kohle schließlich auch nicht. Aber halt, wenn Herta und Friedhelm kommen, dann müsst ihr Tante Rosemarie auch einladen, die ist sonst wieder eingeschnappt, und ihr wisst doch, was für eine Bissgurke die sein kann. Moment, die ist ja wieder ganz dick mit Onkel Franz und Tante Hannelore zugange, also die dürfen wir unter gar keinen Umständen vergessen. Dem Jupp und der Sigrid müsst ihr unbedingt auch eine Einladung schicken, die würden sonst niemals wieder mit uns reden. (Das taten sie zu dieser Zeit ohnehin schon lange nicht mehr. Damals ging es um irgendein billiges Geburtstagsgeschenk – aber wir wollen ja nicht kleinlich sein). Ich könnte die Aufzählung noch über einige Seiten weiterführen, doch habt ihr sicherlich schon verstanden, was ich euch vermitteln möchte.

MÜSSEN WIR TANTE GERTRUD ETWA AUCH EINLADEN?

Als wir Stunden später in aller Ruhe die fertige und enorm verlängerte Gästeliste studierten, auf der Leute zu finden waren, die wir in unserem Leben noch nie gesehen hatten, beschlossen wir diese noch einmal radikal mit dem Rotstift zu überarbeiten.

Erneut wurde diskutiert, es flossen Tränen der Verzweiflung, und letzten Endes einigten *wir beide* uns auf eine Handvoll (na gut, eine relativ große Hand) Menschen, bestehend aus unseren engsten Freunden und liebsten Familienmitgliedern, mit denen wir diesen wichtigen Tag verbringen und feiern wollten. Und dazu zählten nun einmal nicht Tante und Onkelchen aus Gelsenkirchen.

Trotz all des Stresses und der Aufregung freuten wir uns riesig auf den Tag, an dem wir unsere Liebe mit dem berüchtigten Jawort vor dem Bürgermeister krönen sollten ... so zumindest der Plan.

Die Zeremonie wurde jedoch von richtiger und wahrhaftiger Lokalprominenz durchgeführt. Leute, das ist jetzt kein Witz oder so etwas. Ihr erinnert euch sicherlich noch an den Ententanz, der in den frühen Achtzigerjahren dafür gesorgt hatte, dass sich eine ganze Nation zappelnd und wippend zum Affen macht? Nun, die 1,35 m kleine Interpretin des Liedes nennt sich *Maria Jesus y su Acordeón* (Maria Jesus und ihr Akkordeon) und war wohl so etwas wie ein spanisches One-Hit-Wonder.

Die gute Maria war eine quirlige, sympathische Person und arbeitete in unserem Nachbardorf als Friedensrichterin, wenn sie denn nicht gerade mit ihrer Quetsche die Leute belästi... ähm, ich meine natürlich belustigte. Charmant und mit sehr viel Gefühl geleitete uns die kleine Maria Jesus in den Hafen der Ehe und ließ das Akkordeon glücklicherweise im Schrank.

Als unsere gutgelaunte Hochzeitsgesellschaft nach vollzogener Trauung (sagt man das so, oder ist das irgendwie zweideutig?) das Standesamt verließ, saßen zwei steinalte Bauern in einem Café auf der anderen Straßenseite. Sie waren in eine Partie Backgammon vertieft und schauten nur kurz auf die bunte Menschenschar, die uns begleitete. Sie wunderten sich scheinbar über die nicht vorhandene Braut, gratulierten jedoch in aller Höflichkeit, um sich wieder ihrem Spiel zu widmen.

DA WÜRDE ICH AM LIEBSTEN GLEICH NOCH EINMAL HEIRATEN

Ein uralter weinroter Buick, den meine Trauzeugin als besondere Überraschung auf dem spanischen Autoschwarzmarkt organisiert hatte, brachte uns zurück zur *Villa de los Sueños* und dort wurde dann vier Tage lang gefeiert, was das Zeug hielt.

Wir hatten eine wunderschöne Zeit im Kreis unserer Lieblingsmenschen und ich bin noch heute froh, dass wir die Gästeliste nicht mit Blick auf die hoffentlich hochwertigen Geschenke, sondern vielmehr aus tiefstem Herzen erstellt hatten. Nach dieser wirklich unvergesslichen Feier wurden die Türen unserer Villa für 14 Tage geschlossen und wir starteten in unsere Flitterwochen. Frei nach dem Motto *Was die Heteros können, das können wir schon lange*, saßen wir kurz darauf im Flieger und freuten uns auf einen aufregenden Trip in die USA.

Unsere erste Station war das atemberaubende San Francisco in Kalifornien. Wir besuchten den berühmten Stadtteil Twin Peaks, bestaunten die Golden Gate Bridge, fuhren mit der berühmten Cable Car die Straßen rauf und runter und ließen uns in China Town ordentlich übers Ohr hauen. Wie ich sicherlich ganz richtig vermute, interessieren euch in diesem Moment die Sehenswürdigkeiten nur halb so sehr wie der eben erwähnte Reinfall, weshalb ich euch dieses Erlebnis gerne ein wenig genauer schildern möchte.

In einem Schaufenster entdeckte Oliver einen klitzekleinen, handtaschengeeigneten Camcorder (ja, so etwas gab es damals noch) in edelstem Design und konnte an nichts anderes mehr denken. Ich hielt das Teil zwar für ziemlich unnütz und darüber hinaus auch noch potthässlich (eine vergoldete Kamera, die über und über mit rosaroten Streifen verziert war – hallo?), doch war ich jung und verliebt und wollte meinem frisch angetrauten Gatten diesen sehnlichen Wunsch nicht abschlagen. Also betraten wir den Fachhandel für Elektronik, Gewürze und Damenoberbekleidung, um uns von dem überaus attraktiven Verkäufer beraten zu lassen. Es folgten zähe Preisverhandlungen und es gelang uns, den Preis so sehr herunterzuhandeln, dass wir beinahe ein schlechtes Gewissen hatten … aber nur beinahe!

SO EIN HÄSSLICHES TEIL HABT IHR NOCH NICHT GESEHEN

Nachdem wir die Kamera zu einem erstaunlich günstigen Preis erstanden hatten (wodurch sie nicht unbedingt schöner wurde), überzeugte uns der mandeläugige Verkäufer mit säuselnder Stimme, dass wir unbedingt noch ein paar kleine Extras benötigten, um auch wirklich völlig *up to date* zu sein. Was soll ich sagen? Kurz darauf verließen wir das Fachgeschäft für … ach ihr wisst schon was, mit einem superschicken Designer-Camcorder-Täschchen von Louis Vuitong, einer Familienpackung Zusatzbatterien (50 zum Preis von 49) und ein paar klitzekleinen Objektiven, die bis heute noch unbenutzt im Schrank herumliegen. Hättet ihr den unglaublich attraktiven Verkäufer gesehen, glaubt mir, dem hättet ihr auch alles abgekauft. Also verurteilt uns nicht! Unsere Urlaubskasse für die ersten sieben Tage war nach diesem Einkauf zwar Geschichte, doch strahlte Oliver so glücklich wie ein Honigkuchenpferd, und das war alles, was in diesem Moment für mich zählte. Sagte ich schon, dass ich jung und verliebt war, ich alter Trottel?

In jedem Fall spazierten wir hochzufrieden mit uns und unserem Verhandlungsgeschick durch die pulsierende Stadt, bis wir etwa zwei Stunden später die exakt gleiche Kamera in einem stinknormalen, nicht chinesischen Elektronik-Fachgeschäft im Ausverkauf entdeckten – zu einem Zehntel des Preises, den wir in *Klein-China* gezahlt hatten!

Unsere zweite Station war das pulsierende Las Vegas – der Spielplatz der Hölle!

Wir machten (fast) alles, was der liebe Gott zu dieser Zeit verboten hatte: Wir ließen uns von silikonverstärkten Kellnerinnen, die uns scheinbar überall auflauerten, zum Trinken verführen, stopften uns mit furchtbar ungesundem und völlig fetthaltigem Essen voll (und es hat so verdammt gut geschmeckt) und stürmten mit unseren wenigen Dollarscheinen die Casinos der Stadt. Es war einfach nur herrlich!

Ich gewann an einem Abend sogar etwas an einer der vielen blinkenden Maschinen, obwohl ich bis heute nicht weiß, wie ich das genau angestellt hatte: Auf dem Weg zu unserem Hotelzimmer entdeckte ich einen wunderhübschen, bunten Spielautomaten, der von oben bis unten mit kleinen, pinkfarbenen Meerjungfrauen geschmückt war. „Ein Zeichen, ein Zeichen!", kreischte ich begeistert (ich hatte vorher schon das ein oder andere alkoholische Getränk zu mir genommen, ansonsten hätten mich die Meerjungfrauen sicherlich nicht dermaßen aus der Fassung gebracht) und fütterte das Ding mit meinen letzten Dollarnoten. Die Jungfrauen begannen sich wild im Kreis zu drehen, es bimmelte und blinkte, während wir uns einen weiteren, in den Casinos kostenlosen, Cocktail hinter die Binde kippten. Plötzlich begann die Maschine einen Riesenlärm zu veranstalten. Die Meerjungfrauen leuchteten in allen Farben des Regenbogens auf, eine Sirene ertönte in markerschütternder Lautstärke, wildfremde Menschen brachen in begeisterten Beifall aus … und ich hämmerte wie von Sinnen auf den vielen Tasten herum. Der Rest ist Geschichte.

Wir gewannen an diesem Abend zwar kein Vermögen, doch für einen exzessiven Einkaufsbummel durch die Bekleidungsgeschäfte der Stadt reichte es allemal.

So traf man uns schon am nächsten Tag, mit Taschen schwer beladen, im nahe gelegenen Shoppingcenter an, wo

Unser Hochzeitsschlitten …

wir erfolgreich versuchten, der amerikanischen Wirtschaft ein wenig unter die Arme zu greifen.

Kulinarisch probierten wir in den Vereinigten Staaten so einiges, was mal mehr und mal weniger gut schmeckte, unser absoluter Favorit dabei war in jedem Fall der amerikanische Cheesecake.

Schmeckt ein deutscher Käsekuchen mitunter ein wenig fade und pappig, so ist ein echter amerikanischer Cheesecake der reinste Orgasmus für die Geschmacksknospen. Macht euch nun bereit für ein sensationell köstliches Käsekuchen-Rezept, das euch Tränen in die Augen und zwei bis drei Kilo auf die Hüften zaubern wird!

Der Reis für die Fruchtbarkeit hat irgendwie nichts gebracht …

Selbst unser kleiner Benji hat sich zur Hochzeit aufgebrezelt

Zutaten

1 Packung Vollkornkekse
75 g flüssige Butter
2 EL brauner Zucker
½ TL Zimt
300 g Philadelphia Frischkäse
375 g Quark
4 Eier
225 g Zucker
1 TL Vanillezucker
200 g Schmand oder saure Sahne

CHINAMERICAN-STYLE-CHEESECAKE

Zuerst krempelt ihr die Ärmel hoch und zertrümmert die Vollkornkekse. Am besten geht das, indem ihr die Kekse in eine Tüte füllt und diese mit einem Nudelholz bearbeitet. Dieser erste Arbeitsschritt ist übrigens sehr förderlich zur Stressbewältigung, also seid nicht zu zimperlich!

Die Krümel mit der flüssigen Butter, dem braunen Zucker und dem Zimt vermischen. Jetzt bedeckt ihr mit der Masse den Boden einer Springform (so heißen die Dinger, glaube ich), drückt sie mit den Fingern platt und stellt die Form für ein paar Minuten in den Kühlschrank.

Während der Boden nun langsam abkühlt und ihr den Ofen auf 180 °C stellt (Ober- und Unterhitze) habt ihr Zeit, euch an den Belag heranzutrauen.

Dazu einfach alle Zutaten (außer dem Schmand bzw. der sauren Sahne) in eine Rührschüssel pfeffern und mit dem Handmixer so lange darin herumrühren, bis sich eine glatte Creme in selbiger befindet.

Diese gießt ihr vorsichtig auf den Keksboden und stellt die Kuchenform für etwa 30 Minuten in den vorgeheizten Ofen.

Hat die Küchenuhr geläutet, nehmt ihr den Kuchen heraus, stellt den Ofen hoch auf 200 °C, streicht den Schmand (bzw. die saure Sahne) vorsichtig obenauf und schiebt alles noch einmal für ca. 15 Minuten in die Röhre.

Aufgepasst, denn jetzt kommt der schwierigste Teil: Der Kuchen darf nicht sofort in euren Bauch wandern, sondern er sollte mehrere Stunden (am besten über Nacht) im Kühlschrank kalt gestellt werden.

EINE SCHNELLE (GEMÜSE-) NUMMER

Kaum aus dem Urlaub zurückgekehrt, fand Anfang 2006 unsere jährliche schwule Sonnen-Wanderwoche statt.

Es hatte sich ein bunter Haufen wanderfreudiger Tunten aus vielen Teilen Europas eingefunden, und alles in allem passten diese Vertreter der männlichen Gattung auch ganz gut zusammen, sodass schon nach wenigen Stunden so etwas wie eine Gruppe entstanden war. Einer der „Burschen" war Hans (von allen jedoch nur Johanna genannt) aus Bottrop. Hans hatte ein recht ausgeprägtes Modebewusstsein, und so erschien er bereits zum Frühstück in einem perfekt aufeinander abgestimmten Designeroutfit aus Mailand (ich sollte wohl kurz erwähnen, dass die gute Johanna etwa 35 Kilo Übergepäck mit angeschleppt hatte, welches zur Hälfte aus edelstem Schuhwerk bestand) und wechselte die Klamotten gefühlte 15 Mal am Tag, ohne dass wir auch nur ein Kleidungsstück zweimal zu Gesicht bekamen. So weit, so gut! In jedem Fall erschien an einem sonnigen Samstagvormittag unser andalusischer Wanderführer Fernando (ein nettes Kerlchen im Übrigen), um die Jungs zur ersten Exkursion in die Berge abzuholen. All unsere sonnenhungrigen Wanderfreunde hatten sich pünktlich und voller Vorfreude auf unserer Sonnenterrasse eingefunden … außer Johanna. Diese hatte ihren Auftritt etwa 20 Minuten später: Sie erschien nahezu schwebend in einem flatternden, kunterbunten Fummel von MOSCHINO, welcher durch ein paar paillettenbesetzte

Flip-Flops von CHANEL ergänzt wurde (fragt mich bloß nicht, wo sie die Dinger aufgetrieben hatte).

Staunend und schweigend betrachteten alle rustikal gekleideten Anwesenden diese Erscheinung, bis Franz-Peter (ein stämmiger, stark behaarter Leder-Gastwirt aus Rosenheim) in schallendes Gelächter ausbrach und unter Tränen fragte, ob Johanna allen Ernstes in dieser Aufmachung in den Bergen herumkraxeln wolle. Die drehte sich auf dem Absatz herum und verschwand beleidigt in ihrem Zimmer. Erst 45 Minuten und 25 Entschuldigungen von Franz-Peter an der geschlossenen Zimmertüre später kam Johanna wieder heraus und es konnte losgehen … mit dem bunten Paradiesvogel im Schlepptau. Die Wanderung wurde ein voller Erfolg, und nicht zuletzt durch Johannas mitgeführten Champagner inklusive Champagnerflöten aus edelstem Kristallglas hatten die Jungs einen Riesenspaß in den Bergen.

Die für alle größte Überraschung waren jedoch Amors Pfeile, die in der Bergluft zwei Turteltäubchen trafen, mit denen nun wirklich niemand gerechnet hätte: Johanna und Franz-Peter waren seit diesem denkwürdigen Tag ein glückliches Paar, und fanden sich noch des Öfteren in unserem Tuntenhotel ein, um an den Ort ihrer ersten Begegnung zurückzukehren. Wo die Liebe halt so hinfällt …

Ein weiterer Wandersmann, der die Schönheiten der spanischen Berge im Januar 2006 erkunden wollte, war der baumlange Klaas aus Venlo. Klaas war ein flottes, völlig durchgeknalltes, damals bereits 72-jähriges Energiebündel und zählte zu meinen absoluten Lieblingsgästen.

Das Bild passt zwar nicht zum Kapitel … ist aber sooo schön

Ich weiß schon, eigentlich sollte man als Profi-Gastronom keine Lieblingsgäste haben, doch jeder dieser Profis, der behauptet, keine Beliebtheitsskala zu erstellen, ist ein elender Lügner – das könnt ihr mir getrost glauben. Also Mädels, dass ihr euch ja anständig benehmt und das Näschen nicht zu hoch tragt, wenn ihr irgendwo absteigt! Vor allem aber seid immer freundlich zu *den* Hotelangestellten, die irgendwann einmal mit eurem Essen allein sind! Ihr versteht sicherlich, was ich damit andeuten möchte …

Aber nun zurück zu dem baumlangen Niederländer: Klaas besuchte unsere Villa regelmäßig und ließ keine unserer schwulen Wanderwochen aus. Dieses Mal wollte er bereits ein paar Tage früher anreisen, um ein wenig vorzubräunen.

Letztendlich erreichte er unser Haus mit 48-stündiger Verspätung, denn Klaas hatte sich im Reisebüro ein Billigflugticket nach Malaga aufschwatzen lassen, unser Zielflughafen jedoch war der von Malaga recht weit entfernte Flughafen von Alicante.

WO HAT SIE DIESE FLIP-FLOPS VON CHANEL NUR AUFGETRIEBEN?

Anstatt jedoch direkt mit dem Bus zu uns zu kommen, beschloss er sich die Gegend um Malaga herum anzuschauen. Und so benötigte der flotte Holländer zwei Tage (mit vielen Tassen Kaffee und ohne eine Stunde Schlaf), um mit Bus, Bahn, Taxi und Pferdekarren nach Benidorm zu gelangen.

Jeder normale Mensch wäre jetzt tot umgefallen und hätte erst einmal geschlafen. Nicht jedoch Klaas. Kaum bei uns angekommen, bestellte er mit den Worten „Liegen kann ich noch genug, wenn ich mir das Gras von unten anschaue" ein großes Bier zum Aufwärmen und stürzte sich nach einer kurzen Dusche ins sündhafte Nachtleben von Benidorm, das es wahrlich in sich hatte.

Klaas war einer unserer treuesten Gäste und ich kann mich an keinen Abend erinnern, an dem er im Hotel blieb, um sich zu erholen, wie ich es von einem Mann in seinem Alter eigentlich erwartet hätte. Auch gab es keinen Morgen, an dem er mir beim Frühstück nicht von irgendeinem Skandal berichtete, an dem er direkt oder indirekt beteiligt gewesen war.

Dass Klaas die übrigen Wandervögel locker in die Tasche steckte und die Berge fröhlich auf- und abmarschierte, versteht sich von selbst.

Mein schnell zubereitetes Blechgemüse, das ich euch selbstverständlich nicht vorenthalten möchte, zählte zu den absoluten Lieblingsgerichten des bekennenden Vegetariers.

Zutaten

2 Paprika, rot und grün
1 kg Kartoffeln
1 große Zucchini
1 Gemüsezwiebel
2–3 EL kalt gepresstes Olivenöl
Salz und Pfeffer
auf Wunsch etwas gemahlener Chili, für die schärferen Früchtchen unter euch
je 1 TL getrockneter Thymian, Rosmarin und Oregano

EINE SCHNELLE (GEMÜSE-)NUMMER

Das Gemüse zuerst einmal waschen, und in grobe Stücke schneiden. Die Kartoffeln nicht schälen – sieht irgendwie rustikaler aus.

Nachdem ihr Zucchini & Co gut abgetrocknet habt, gebt ihr die Stücke in eine Schüssel und vermischt sie dort sorgfältig mit dem Öl. Nun die Gewürze nach und nach einstreuen und das Gemüse gleichmäßig marinieren.

Den Backofen auf 220 °C (Heißluft) vorheizen, das Gemüse auf einem mit Backpapier ausgelegten Backblech ausbreiten und etwa 30 Minuten lang brutzeln lassen, bis die gewünschte Bräunungsstufe erreicht ist. Nach 15 Minuten einmal wenden und dabei aufpassen, dass ihr euch die Fingerchen nicht verbrennt.

Die angegebene Menge reicht (gerne auch mit etwas Kräuterquark ergänzt) als Hauptspeise für zwei bis drei hungrige Mäuler, als Beilage serviert, bekommt ihr etwa vier bis fünf Personen damit satt.

VERRUCHTER GEMÜSE-COUSCOUS

So viel Freude es mir auch stets bereitet hat, unsere Gäste kulinarisch zu verwöhnen, mitunter musste auch ich mir einen freien Abend gönnen, um mit meinem frisch angetrauten Mann Oliver die Restaurantszene von Benidorm zu erkunden.

Es gab damals unzählige Lokalitäten in der näheren Umgebung, doch leider waren sie nicht alle empfehlenswert. So erinnere ich mich beispielsweise an ein nettes, kleines Fischrestaurant am Rande der Altstadt, dem die Einheimischen den idyllischen Beinamen *Tempel der tausend Salmonellen* verpasst hatten. Und tatsächlich verdarben sich dort auch unsere Gäste in aller Regelmäßigkeit ordentlich den Magen. Das war zwar für die Betroffenen und ihre Zimmergenossen nicht besonders angenehm, doch passte nach zwei bis drei Tagen selbst die engste Jeans wieder wie angegossen. Die Medaille hat halt immer zwei Seiten, nicht wahr?

Eine ganz andere Klasse hatten da Restaurants wie zum Beispiel das *Nuevo Alcoy*, welches nur wenige Minuten von unserem Hotel entfernt lag. Dort wurde nicht nur ausgezeichnetes Essen serviert, sondern auch die Kellner waren stets frisch und knackig. Es kursierte das Gerücht, dass die Geschäftsleitung darauf bestand, die Kellnerhosen grundsätzlich zwei Nummern kleiner zu kaufen, damit der Fantasie auch nichts verborgen blieb. Im Nachhinein drängt sich mir die Frage auf, ob

sich dieses Restaurant deshalb bei unseren Gästen ganz besonderer Beliebtheit erfreute.

Auch der Liebhaber authentisch spanischer Küche kam in Benidorm nicht zu kurz. So gab es in der Altstadt eine ganze Straße mit unzähligen Tapas- und Paella-Restaurants, die eine jede Urlaubsdiät zum Scheitern verurteilten, denn die spanische Küche zeichnete sich damals wie heute nicht unbedingt durch den sparsamen Umgang mit Fetten und Ölen aus. Zum Glück erfand der liebe Gott an einem seiner kreativeren Tage ja das Fitnessstudio für den homosexuellen Mann, wo dieser sich das Fett nach dem Urlaub wieder abtrainieren konnte.

Mein Herz jedoch gehörte einem kleinen, nordafrikanischen Restaurant ganz in unserer spanischen Nachbarschaft, oder vielmehr schlug es für die recht exzentrische Chefin des Hauses.

Marie, so ihr Name, war ein Koloss von Frau, mit dem größten silikonfreien Busen, den ich je gesehen hatte.

Dieses dezente Hunde-Spielzeug war ein Geschenk von Marie

Sie trug ihre Oberweite stolz in durchsichtigen Gewändern zur Schau und allein ihre Anwesenheit verlieh ihrem Restaurant diese gewisse, leicht verruchte Atmosphäre, die wir Homosexuellen ja bekanntlich so sehr lieben.

Marie schwebte (so gut es eben ging) Abend für Abend durch ihr Reich, setzte sich hier und da zu ihren Gästen, zischte ihnen den Wein weg und zog in aller Regelmäßigkeit über ihre konservativen und streng gläubigen Eltern her, die ihren Lebenswandel absolut nicht verstehen konnten. Sie hatten sich für ihre Tochter wohl eher einen gepflegten Haushalt, einen stattlichen Ehemann und eine riesige Schar quengelnder Kinder gewünscht, womit die gute Marie mal so gar nichts anfangen konnte. Stattdessen stolzierte sie lieber, mit funkelndem Modeschmuck wie ein Weihnachtsbaum behangen, durch ihren kulinarischen Tempel.

Waren Gäste aus unserem Haus anwesend, so wurden diese zuerst an die mütterliche Brust gedrückt und danach mit ein paar hochprozentigen Getränken versorgt, denn Marie war der Inbegriff der sogenannten Schwulenmutti. Soll heißen: Sie war mollig, mütterlich, trinkfest, für jeden noch so derben Spaß zu haben, liebte jede Tunte und die Tunten wiederum verehrten die wundervolle Marie.

MIT EINER SCHAR QUENGELNDER KINDER KONNTE MARIE NUN WIRKLICH NICHTS ANFANGEN

Dass sie kochen konnte wie eine junge Göttin, muss ich nicht extra erwähnen. In der Regel jedoch ließ sie kochen und zog es vor, in ihrem Lokal umherzuflanieren und die neuesten transparenten Gewänder für die Frau ab Größe 56 und Brustumfang DDD (gibt es den überhaupt? Wie ihr wisst, kenne ich mich mit diesen Dingen nicht so besonders gut aus) zu präsentieren … und da war sie tatsächlich noch besser aufgehoben als in der Küche.

Das überaus simple und doch so raffinierte Couscous-Rezept war eines ihrer absoluten Geheimnisse und ich brauchte viel Geduld und noch viel mehr Bestechungsschokolade, um es ihr zu entlocken.

Viel Spaß beim Nachkochen!

Zutaten

1 Gemüsezwiebel, gewürfelt
1 rote Paprika, gewürfelt
500 g Möhren, gewürfelt
1 große Zucchini, gewürfelt
1 Tasse TK-Erbsen
1 Tasse TK-Rosenkohl
1 Dose passierte Tomaten
1 l Gemüsebrühe
Couscous (ca. 100 g pro Person)
Rosinen, nach Geschmack (die Dinger mag bekanntlich nicht jeder)
1 Bund Minze
2 Zimtstangen
1 ½ TL Kümmel, gemahlen
2 EL Paprikapulver, edelsüß
Salz, Pfeffer
Olivenöl

VERRUCHTER GEMÜSE-COUSCOUS

Zunächst die Gewürze bei leichter Hitze in ein wenig Olivenöl anschwitzen, um darin das gewürfelte Gemüse anzubraten. Wenn ihr nun die Augen für einen Moment schließt, wird euch der Geruch auf einen marokkanischen Bauernmarkt versetzen.

Wenn ihr wieder zurück auf deutschem Boden angekommen seid, vorzugsweise nach spätestens 5 Minuten, löscht ihr den Pfanneninhalt mit den Tomaten und der Brühe ab und gebt das Tiefkühlgemüse und die Zimtstangen hinzu.

Die Soße muss nun ca. 20 Minuten abgedeckt köcheln.

Währenddessen den Couscous und die Rosinen mit gleicher Menge kochendem Salzwasser aufgießen und 5–6 Minuten auf kleinster Hitze quellen lassen.

Zum Abschluss ein paar Tropfen Olivenöl auf den Couscous geben und mit einer Gabel leicht auflockern.

Die Soße auf den Couscous geben und mit reichlich klein gehackter Minze bestreuen.

SPINAT KUCHEN

FÜR DIE SCHILLERNDEN STARS UNTER EUCH

Acht Jahre lang verbrachten wir einen großen Teil unserer Zeit in Spanien unter Männern, deren Toast, wie bei uns auch, auf der falschen Seite gebuttert war … sorry, aber ich liebe dieses Wortspiel. Glaubt mir, wir haben in dieser Zeit eine ziemlich bunte Palette an Burschen kennenlernen dürfen, von denen ich hier ein paar typische Beispiele aufzählen möchte: Es gab den stinknormalen Homosexuellen (seltsamerweise ein nicht sonderlich häufig vertretenes Exemplar zu dieser Zeit), den Naturburschen oder auch Wald- und Wiesentunte genannt, die angesagte Designer-Tunte, die intellektuelle Homolette, die möchtegern-intellektuelle Homolette (die ich vorwiegend an den häufigen, jedoch nicht immer optimal platzierten Fachausdrücken erkannte, mit denen sie schon beim Frühstück um sich warf) – und natürlich gab es auch eine riesige Anzahl *prominenter* Schwuletten, deren Promistatus jedoch nur in den eigenen Köpfen zu existieren schien. Ihr könnt euch nicht vorstellen, wie viele *hochtalentierte* (und nebenbei kellnernde) Sänger, Schauspieler, Modeschöpfer und Fotomodelle über die Jahre hinweg bei uns zu Gast waren. Die Tatsache, dass man von den meisten noch nie etwas gehört hatte und sich dieser Zustand in der Regel auch nicht ändern sollte, machte mich nur zu Anfang ein wenig stutzig.

Ich erinnere mich noch sehr gut an den Anruf eines deutschen Reisebüros. Der stets gut frisierte Reiseverkehrskaufmann Harald (genannt Henriette) meldete sich in verschwörerischem Ton und kündigte mir den Besuch eines absoluten Topstars in unserer *Villa de los Sueños* an, dessen Namen er mir noch nicht verraten könne – Topsecret und so weiter. Ich sah mich bereits Arm in Arm mit George Michael, der mir von den neuesten Skandalen aus der Welt der Schönen und Reichen berichten würde, an unserem Pool entlang schlendern. Oder gar mit Ricky Martin? Selbst mit Elton John hätte ich noch leben können – stattdessen schickte uns Henriette eine völlig arrogante und überhebliche Tunte ins Haus, die auf einigen homosexuellen Veranstaltungen ein schwules Liedchen geträllert hatte und dazu rhythmisch mit dem Hintern wackelte, wie ein Schimpanse auf Ecstasy.

Steve (so sein Künstlername) reiste an einem warmen Frühlingsmorgen in unserer Villa an und bombardierte mich sogleich mit einem Dutzend mehr oder weniger ausgefallenen Extrawünschen:

Er brauche zum Frühstück immer seine Extramischung kolumbianischer Feinkost–Kaffeesorten, … da er sonst schlechte Laune bekäme.

Pünktlich um 19:25 Uhr habe täglich ein frisch zubereitetes, makrobiotisches, kreolisches, vegetarisches Acht-Gänge-Menü auf seinem Zimmer serviert zu werden, … da er sonst schlechte Laune bekäme.

Alle Gäste, die nicht über ein ausreichendes Maß an Attraktivität verfügten, sollten sich nur zu bestimmten Zeiten am Pool aufhalten, … da er sonst schlechte Laune bekäme.

Wer mich kennt, der weiß, dass ich ein sehr geduldiger Mensch bin, doch platzte mir bei diesem ganz speziellen Gast ziemlich schnell der Kragen. Nach einer kurzen Eingewöhnungsphase schnappte ich mir also das 22-jährige Bürschchen und erklärte ihm, dass es bei uns ein paar Regeln gäbe, an die sich alle Gäste zu halten hätten – auch eine hüftwackelnde Sangesschwuchtel, … da ich sonst ziemlich schlechte Laune bekäme. Scheinbar brauchte Steve nur eine ordentliche Ansage, denn nach dieser kurzen Aussprache waren die Fronten geklärt und Steve stellte sich als halbwegs

Bei dieser Trulla musste sich Ramon erst einmal hinsetzen

angenehmer Gast heraus, der zum Frühstück mit Genuss spanischen Kaffee trank, mit großem Appetit unsere Speisekarte rauf und runter probierte (mein Spinatkuchen schien es ihm ganz besonders angetan zu haben) und seine Sonnenstunden mit allen anderen Kerlen am Pool verbrachte. Meist rannte er ihnen hinterher und verteilte seine signierten CDs an jeden Gast, der sie haben wollte. Aber auch alle anderen bekamen die selbst gebrannten Dinger aufs Auge gedrückt.

Steve reiste nach zehn Tagen bestens erholt und braun gebrannt wieder ab, um weiter an seiner Karriere zu feilen.

WARUM HAT ER UNS NICHT RICKY MARTIN INS HAUS GESCHICKT?

Ich hatte ihn schon fast vergessen, bis ich ca. sechs Monate später in meiner Heimatstadt Remscheid zu Besuch war. Bei einem ausgedehnten Einkaufsbummel verirrte ich mich dann auch prompt in ein nicht namentlich zu nennendes Schnellrestaurant, dessen Name mit einem riesigen „M“ beginnt (ich muss dieses seltsame Zeug, das nur im Entferntesten an frisch zubereitete Nahrung erinnert, einfach manchmal haben) – und ratet mal, wer dort hüftwackelnd und leise vor sich hin summend mit einem gelben Lappen die Tische polierte!

Zutaten

250 g Mehl
125 g Butter
5 Eier
1 ½ TL Salz
1 Becher saure Sahne
100 g geriebener Käse
750 g TK-Spinat, aufgetaut und sorgfältig ausgedrückt
200 g Schafskäse
50 g Pistazien (selbstverständlich ohne Schale – nur, falls irgendwer auf dumme Ideen kommt)

SPINATKUCHEN FÜR DIE SCHILLERNDEN STARS UNTER EUCH

Heizt die Röhre auf 180 °C vor (Ober- und Unterhitze), bevor ihr mit der eigentlichen Zubereitung startet.

Zunächst das Mehl, die Butter, ein Ei, ein gestrichener Teelöffel Salz und ein Esslöffel der sauren Sahne mit dem Knethaken zu einem glatten Teig verarbeiten.

Nun dürft ihr eine runde Quiche-Form mit dem entstandenen Teig komplett (also auch die Ränder) auslegen und eure Arbeit für einen kurzen Moment bewundern.

Der nächste Arbeitsschritt ist um einiges leichter: Verrührt den geriebenen Käse, vier Eier, die restliche saure Sahne und ½ Teelöffel Salz und stellt das Gemisch zur Seite.

Jetzt noch den Spinat auseinanderzupfen, mit dem Schafskäse und den Pistazien vermengen und gleichmäßig in der Auflaufform verteilen. Zu guter Letzt kippt ihr die Eimasse über den Spinat und schiebt euren herzhaften Kuchen für etwa 45 Minuten in den vorgeheizten Ofen.

TUNTEN TOAST

Nachdem ich nun einiges über unsere menschlichen Gäste und deren Eigenarten erzählt habe, möchte ich euch zum Abschluss ein ganz besonderes Wesen vorstellen, das vor vielen Jahren einen riesigen Platz in meinem Herzen erobern konnte. Es handelt sich um den kleinen Benji, der vom Tag seines Einzugs zum absoluten Liebling unserer Gäste wurde.

Seitdem ich mich erinnern kann, war es mein größter Traum, einen eigenen Hund zu besitzen. Bis zu meinem 25. Lebensjahr hatte ich es jedoch nicht über einen Goldhamster hinausgebracht. Auch in Spanien standen meine Chancen auf einen Hund ziemlich schlecht, war Oliver doch strikt dagegen. Immer wieder fand er irgendeinen Grund, um mir meinen Traum zu verwehren. Hier ein paar seiner durchaus kreativen Argumente:

- „Bei der vielen Arbeit, die wir hier haben, ist nun wirklich keine Zeit für einen Hund."
- „Soll ich dir nicht lieber ein paar bunte Fische kaufen? Die passen doch viel besser zu unserer Einrichtung."
- „Was sollen wir denn mit dem Hund machen, wenn wir in den Urlaub fahren? Du willst das arme Tier wohl kaum zu meinen Eltern bringen?"
- „Aber Schatz, du bist doch noch viel zu jung für diese große Verantwortung." – Ich muss gestehen, damit hätte er mich beinah gehabt.

Ich hatte mich schon fast damit abgefunden, auch in Spanien hundelos zu bleiben, als Benji auf der Bildfläche erschien.

Es war ein lauschiger Sommerabend. Gemeinsam mit Oliver saß ich auf einer Bank in unserem kleinen, hoteleigenen Palmengarten, wo wir dem lauten Zirpen der Zikaden lauschten. Ich streckte mich mit einem herzhaften Gähnen in die Länge und war nach einem anstrengenden Tag mit noch anstrengenderen Gästen schon ziemlich bettreif, als ich ein leises Fiepen hörte, dass unmöglich von den tirilierenden Zikaden stammen konnte. Mit einer Taschenlampe bewaffnet, machte ich mich auf den Weg in die Büsche, um dem fremden Geräusch auf den Grund zu gehen. Plötzlich starrte ich in zwei kugelrunde Augen, was mich mit einem markerschütternden Schrei rückwärts aus dem Blattwerk stolpern ließ.

Nachdem ich mich etwas gefangen hatte, leuchtete ich erneut in die Büsche hinein und entdeckte einen struppigen Winzling auf vier Pfoten, der mich ängstlich musterte. Der kleine Kerl verströmte einen ziemlich üblen Geruch (irgendetwas zwischen Schafskot und städtischer Müllkippe), doch verlor ich mein Herz noch in diesem Moment. Mein erster Gedanke war: „O mein Gott, endlich habe ich meinen eigenen Hund!“

Ich vermisse den kleinen Kerl noch heute ...

Oliver wiederum warf einen Blick auf den zitternden Streuner und flüsterte fassungslos: „O mein Gott, was ist das nur für ein hässliches, kleines Stinktier?“

Meinen Traum in greifbarer Nähe wissend, beschloss ich, den armen Kerl von seinem Gestank zu befreien und verpasste ihm eine ausgiebige Dusche mit dem Gartenschlauch und meinem guten Haarshampoo von *Jean Paul Gaultier*.

Er ließ die Prozedur ohne Murren über sich ergehen und roch anschließend wie eine Fummeltrine, die sich zu lange in einer *Douglas*-Filiale herumgetrieben hatte. In der Nacht rollte sich der winzige Bursche zufrieden in einem Wäschekorb zusammen, den ich neben mein Bett gestellt und mit einer weichen Decke ausgelegt hatte. Immer wieder musste ich zu dem schnarchenden Bündel schauen und war so glücklich wie selten in meinem Leben.

ENDLICH SOLLTE MEIN TRAUM IN ERFÜLLUNG GEHEN

Gleich am nächsten Morgen spazierte ich mit dem immer noch zerzausten Fellknäuel durch die Nachbarschaft, um den möglichen Besitzer ausfindig zu machen, doch zeigte niemand gesteigertes Interesse an dem zugegebenermaßen nicht sonderlich hübschen Mischlingsrüden. Selbstverständlich ließ ich auch einen Tierarzt nach einem Chip suchen, der aber nicht zu finden war. Also beschloss ich, dem kleinen Benji (den Namen hatte ich ihm noch am Abend unseres Aufeinandertreffens verpasst) ein Zuhause zu geben und musste nur noch meinen lieben Ehemann von seinem Glück überzeugen. Lange Rede kurzer Sinn: Nach endlosen Diskussionen und meiner Drohung, mit dem Hund auszuziehen und mein Glück in einem anderen Staat zu suchen, ließ sich Oliver zähneknirschend umstimmen, und von diesem Tag an war der struppige Benji nicht mehr aus unserem Leben wegzudenken. Obwohl er nun wirklich keine Schönheit war, eroberte der gutmütige Mischling die Herzen unserer Gäste im Sturm und wurde zum absoluten Liebling des Hauses. Wie oft erwischte ich ihn auf einer der Sonnenliegen am Pool, wo er mit Streicheleinheiten und ein bisschen Frühstücksschinken verhätschelt wurde. Ich gönnte ihm jede dieser Verwöhn-Einheiten, denn mein erster Hund Benji war wirklich etwas ganz Besonderes. Er war so treu, wie es kein Mann jemals hätte sein können, und verfolgte mich viele Jahre lang auf Schritt und Tritt. Solange er lebte, brachte der kleine Kerl unendlich viel Freude in unser Leben und ich vermisse ihn noch heute sehr … er war eben mein allererster eigener Hund.

Ach Gott, jetzt werde ich kurz vor Schluss doch tatsächlich so richtig rührselig. Vielleicht ist es besser, wenn ich mir an dieser Stelle die Augen trocken tupfe und einfach noch ein paar Zeilen zu Papier bringe. Da es sich bei meinem Geschreibsel ganz augenscheinlich um ein Kochbuch handelt, sollte ich auch zu diesem Kapitel ein entsprechendes Rezept mit euch teilen, was jetzt thematisch nicht ganz einfach ist. Eine Kochanleitung für hausgemachtes Hundefutter möchte ich euch nun wirklich nicht zumuten, obwohl das mit ein bisschen Salz und Pfeffer gar nicht mal so schlecht schmecken soll (das hat mir zumindest meine Tante Gertrud erzählt – wer weiß, was die gute Frau mir schon alles aufgetischt hat!). Am besten wird es wohl sein, wenn ich dieses Buch stattdessen mit dem stockschwulen und völlig sinnbefreiten Tunten-Toast beende, denn dieses Rezept bin ich euch ohnehin noch schuldig. Die kunterbunte Kalorienbombe zählte zu den absoluten Lieblingsgerichten eines besonders lieben Freundes aus Mannheim, der es mit der ausgewogenen Ernährung im Urlaub nicht immer allzu genau nahm. Thorsten, so sein Name, besuchte uns und unsere Homoherberge (was für ein Wort – da werde ich auf den letzten Drücker tatsächlich noch einmal so richtig kreativ) zum ersten Mal im Mai 2004.

Der strohblonde Krankenpfleger war von Hause aus ziemlich vergnügungssüchtig und das, was man eine klassische Tratschtunte nennt. Selbstverständlich legten wir uns ordentlich ins Zeug, um ihm seinen ersten Urlaub bei uns so schön wie möglich zu gestalten. Und so überließen wir nichts dem Zufall: Zuerst einmal musste ein kleiner Begrüßungssnack auf den Tisch, der mindesten aus drei der schwulen Grundfarben (also pink, türkis, violett, himmelblau …) bestand.

Außerdem wurden sämtliche in Spanien erhältliche Klatschblätter (*Gala*, *Bunte*, *Frau im Spiegel*, *Mann im Schrank*) besorgt, um uns klatschtechnisch auf einen aktuellen Stand zu bringen – man wollte sich ja nicht blamieren.

Zu guter Letzt musste Thorstens Zimmer mit einer Drehtüre versehen werden, denn er wollte seinen Urlaub … *genießen*. Zur Kontrolle wäre ein integriertes Zählwerk sicherlich nicht die schlechteste Idee gewesen, aber wir wollten es ja nicht übertreiben.

Hier nun also das versprochene Rezept für den stockschwulen Tunten-Toast, der eure Laune und Zuckerwerte ordentlich hochjubeln wird!

Meine Freundin Vera Sonnenleitner
(Ernährungsberaterin)
in ihrem kulinarischen Alptraum

So sehe ich kurz vor dem
Zuckerschock aus

Ist das nicht schön bunt?

Zutaten

ein paar Scheiben Toastbrot
3 Päckchen Frischkäse (200 g)
3–4 Fläschchen Lebensmittelfarbe
etwas Zucker, damit der Zahnarzt nicht arbeitslos wird
ein Schuss Fruchtsirup, je nach Geschmack
Deko aus der Backabteilung – alles, was glitzert und bunt ist, darf benutzt werden

LEBENSMITTELFARBE IN DEN BEREITS ERWÄHNTEN SCHWULEN GRUNDTÖNEN.

TUNTEN-TOAST

Den Käse in drei bis vier verschiedene Schüsseln aufteilen und mit den Lebensmittelfarben kräftig einfärben. Dabei könnt ihr die Farben ruhig ein wenig mischen, so wie ihr es früher mit dem guten, alten Tuschkasten in der Schule gelernt habt. Ihr wisst schon: Gelb und Rot wird zu Orange, Blau und Rot ergibt Lila, Blau und Gelb sollte Grün werden … und am Ende hattet ihr vom vielen Mischen doch nur irgendeine braune Pampe auf dem Papier.

Mit etwas Zucker und Sirup den Inhalt der Schüsseln verfeinern und die verschiedenen Aufstriche mit dem Schneebesen verrühren. Die Brotscheiben toasten und mit dem mäßig gesunden Zeug bestreichen.

Zu guter Letzt dürft ihr euch kreativ austoben und euren Tunten-Toast mit den bunten Perlen, Sternen und Feenstaub nach Herzenslust dekorieren.

Oliver, vor vielen Jahren …

Ich, damals …

… und in der Gegenwart angekommen!

… und heute!

ALLES HAT EIN ENDE ODER: DER EPILOG

Hach, ich könnte noch stundenlang weitererzählen, aber vielleicht sollte ich mir noch ein paar Geschichten für einen zweiten Teil aufheben. Man sollte ja immer optimistisch sein. Wie ihr in diesem Buch mitverfolgen konntet, war unsere Zeit in Spanien alles andere als langweilig. Wir eröffneten als mehr oder weniger nichtsahnende Neulinge unser erstes Hotel und schafften es mit viel Enthusiasmus und einer gehörigen Portion Optimismus, ein bis dahin einzigartiges Urlaubsdomizil an der Costa Blanca zu erschaffen. Wir durften unzählige (größtenteils) wundervolle Menschen kennenlernen, hatten das Glück, in einem der tolerantesten Länder der Welt in den Hafen der Ehe einzulaufen, ... und doch haben wir uns nach etwa acht Jahren schweren Herzens entschlossen, dem Abenteuer Spanien *adios* zu sagen. Die Gründe sind nicht ganz einfach zu erklären, ich werde es aber trotzdem versuchen: Obwohl wir die Zeit als Auswanderer sehr genossen haben und eine Menge für unsere spätere Laufbahn in der Hotelbranche lernen konnten, haben wir es nicht geschafft, komplett in Spanien anzukommen. Wie sagt man so schön:

Heimat ist kein Ort – Heimat ist ein Gefühl

Und ebendieses Gefühl haben wir an der wunderschönen Costa Blanca nur selten empfunden. Noch heute denken wir gerne an unsere aufregenden Jahre in Benidorm zurück und möchten wirklich keine

Minute missen. Die beeindruckenden Strände, die lebenslustigen Menschen, das fantastische Essen, das liberale Umfeld und noch so vieles mehr machten uns den Abschied furchtbar schwer, doch war unsere Zeit an der spanischen Küste irgendwann abgelaufen.

Man soll aufhören, wenn es am schönsten ist, denn es kann nur schlechter werden

Dies ist ein zweiter dieser wohlbekannten Sprüche, in dem sehr viel Wahrheit verborgen liegt und den wir letzten Endes beherzigt haben. Dachten wir ursprünglich, dass wir tief in uns zwei absolut lockere Freigeister sind, so mussten wir im sonnigen Süden feststellen, dass wir wesentlich *deutscher* sind, als wir es jemals für möglich gehalten hätten. Dinge wie Pünktlichkeit (damit konnten sich viele Spanier, die wir kennenlernten, nun wirklich nicht rühmen), Zuverlässigkeit (auch da haperte es nicht selten), ein Regentag im November, ein Glühwein auf dem verschneiten Weihnachtsmarkt, ein gut funktionierendes Gesundheitssystem, Bürokratie, ein köstliches Stück Bauernbrot zum Frühstück … fehlten uns mit den Jahren immer mehr. Unsere Mentalität machte uns auf dem Weg, zwei waschechte Spanier zu werden, letztendlich einen riesigen Strich durch die Rechnung.

Selbstverständlich wollten wir nicht ohne eine angemessene Abschiedsparty in unser „nächstes" Leben starten, weshalb sich am 19.09.2006 erneut eine bunte Schar feierwütiger Menschen auf unserer Poolterrasse versammelte, um uns die letzte Ehre zu erweisen (huch, das klingt aber jetzt schon sehr dramatisch).

Wie nicht anders zu erwarten, hatte Penelope Rodriguez, die attraktive Gattin unseres Bankdirektors, an diesem Tag Stubenarrest und durfte ihren Mann nicht begleiten. Diese Vorsichtsmaßnahme war jedoch völlig unbegründet, denn wir hatten aus unseren Fehlern

Unsere Montara Suites im schönen Bodenmais

gelernt und verzichteten an diesem Abend auf einen Stripper, der seinen Fahnenmast wild hin und her schwingen ließ. Stattdessen hatten wir eine dieser stinklangweiligen Feuershows organisiert – nur, um auf Nummer sicher zu gehen.

Mittlerweile verdienen wir unsere Brötchen in Bodenmais, einem verschlafenen und sehr bodenständigen Urlaubsort im tiefsten Bayerischen Wald, wo wir wider Erwarten so etwas wie unsere Heimat gefunden haben. Wir betreiben in dem idyllischen Dorf ein kleines, aber feines Hotel, die *Montara Suites* – und das immerhin seit mehr als 16 zufriedenen Jahren. Pünktlichkeit, Zuverlässigkeit, ein Glühwein auf dem verschneiten Weihnachtsmarkt und Bauernbrot werden hier sehr großgeschrieben, mitunter vielleicht sogar etwas zu groß – doch das ist eine völlig andere Geschichte …

HEIMAT IST KEIN ORT – HEIMAT IST EIN GEFÜHL

Mit Phoebe und Layla sind wir zum Glück wieder auf den Hund gekommen

DANKE!

Kurz vor Schluss ein fettes Dankeschön! Ich weiß jetzt ganz ehrlich gar nicht, bei wem ich genau anfangen soll … doch, jetzt habe ich es. Selbstverständlich gilt mein erster Dank euch Leserinnen und Lesern da draußen, die ihr dieses Buch gerade in Händen haltet und hoffentlich einen Riesenspaß hattet. Ihr könnt euch nicht vorstellen, wie stolz es mich macht, euch mit meinen Büchern aus dem Alltag entführen zu dürfen. Die vielen E-Mails, Briefe und Kommentare auf Facebook und Instagram motivieren mich ungemein, mit dem Schreiben fortzufahren.

Ein weiterer riesengroßer Dank geht an das geniale Team des Kampenwand Verlages. Es ist unglaublich, mit wie viel Zeit und Geduld ihr euch euren Autoren widmet. Die liebe Nina Empl beispielsweise ist gefühlt immer erreichbar und weiß auf jede meiner noch so komplizierten Fragen eine Antwort – tausend Dank dafür.

Es ist einfach klasse mit euch zu arbeiten und ich freue mich, dass euch meine Tunten-Toast-Idee von Anfang an so gut gefallen hat. Franziska Buhl, das Cover und das gesamte Layout sind mal wieder spitzenmäßig geworden und ich freue mich bereits auf unser nächstes Projekt, das in nicht allzu weiter Ferne liegt.

Vielen Dank auch an die mega-gründliche Lektorin Inez Ulrich. Ich bin heilfroh, dass du an meinem Manuskript „herumgefeilt“ und mir viele wertvolle Anregungen gegeben hast, ohne den

Charakter meiner Geschichte zu verändern. Hoffentlich landet mein nächstes Buch ebenfalls auf deinem Tisch.

Bei meinen Hobby-Lektor*innen möchte ich mich natürlich auch bedanken. Ihr habt mich mit euren Ideen und eurer Kritik (autsch) immer auf Kurs gehalten. Vera Sonnenleitner, meine großartige Freundin aus Nürnberg, ich danke dir für die viele Zeit, die du dir stets für meine Manuskripte nimmst. Deine Tipps und Anregungen waren auch dieses Mal Gold wert. Die „sonnige" Sonja Strohmeier aus dem wunderschönen Bodenmais hat mein Geschreibsel ebenfalls unter die Lupe genommen. Dein Feedback war so liebevoll, dass ich am liebsten gleich einen zweiten Teil hinterher geschoben hätte – tausend Dank auch dir.

Ein Grammatikprofi mit riesiger Portion sarkastischem Humor war ebenfalls mit an Bord. Liebe Sabine Kroll, du bist nicht nur als Kommapolizistin, sondern auch als Mensch ganz große Klasse!

Meine lieben Schwiegereltern Klaus und Roswitha Madel darf ich an dieser Stelle natürlich nicht vergessen. Ohne eure Unterstützung wäre das „Abenteuer Spanien" nicht möglich gewesen – es ist schön, dass ihr immer für uns da seid …

Last but not least gilt der größte Dank meinem wundervollen Mann Oliver, der mich überhaupt erst auf die Idee gebracht hat, dieses Buch zu schreiben und in den meisten Kapiteln verdientermaßen sogar ganz gut wegkommt. Auch dieses Mal warst du mein größter Fan und strengster Kritiker. Du hast dem Tunten-Toast den nötigen Feinschliff verliehen. Es macht mich glücklich und sehr stolz, dass wir seit 30 Jahren gemeinsam durch dick und dünn gehen. Vielen Dank, dass du mich immer so nimmst, wie ich bin!

ENDE

DIR HAT DAS BUCH GEFALLEN?

Vielen Dank, dass du mein Buch gelesen hast. Ich hoffe sehr, dass ich dich für ein paar unbeschwerte Stunden aus dem Alltag entführen konnte. Wenn es dir gefallen hat, würde ich mich sehr freuen, wenn du ihm bei dem Online-Shop eine Bewertung gibst, bei dem du es bestellt hast. Oder du schreibst bei einem deiner Lieblings-Buchportale eine Rezension.

Deine Meinung zu meinem Buch ist mir sehr wichtig und eine kleine Anerkennung für meine Arbeit. Außerdem hilft es mir, neue Leser für meine Bücher zu finden.

Vielen Dank für deine Unterstützung!

KAMPENWAND
VERLAG